〈演劇的教養〉とは何か

《二拍子》

第一章　この世にない魂と出会う

日本人なのに能の面白さを知らないなんて！

「演劇とは、この世にない魂と出会う行為だ」と私は考えている。おそらくそれが、この世に現れてから現在に至るまで、演劇というものが一貫して保持している唯一の機能ではなかろうか。

「この世にない魂と出会う」とは、どういうことか。

能と狂言を合わせて「能楽」と呼ぶ。日本が世界に誇る伝統芸能だ。もちろん詳しい人もいるが、大半の日本人は能楽を知らない。というか、興味をもっていない。当然といえば当然かもしれない。

第一に、入場料が高価だ。お試しで見るには高すぎる。それに演目を知らない。素人が初めて見るのにどの作品から入ればいいのか、見当がつかない。本やネットで調べても、専門用語が多くて閉口する。

勇気をふりしぼって能をやっている劇場（能楽堂）に出かけたとしよう。おそらく内容はさっぱりわからない。同じ日本人が作り、演じているにもかかわらず、古文のようなセリフを得体の知れない節をつけてうなっている。テレビ中継などで見ると、俳優のセリフに解説付きの字幕が出ているではないか。劇場で聞いてもわからなかったわけだ。難しい約束事もたくさんありそうで、とっつきづらい。結局、二度と見に行かない。

もちろん、関係者や劇場もそのあたりはわかっていて、事前に解説を配布し、安価な鑑賞教室を開いているが、それだけで能楽ファンを増やすのは難しい。

基本認識として、「文化」が「教養」を前提としていることを私たちは見落としがちだ。音楽でも美術でも演劇でも、作品が楽しめないのを教養不足のせいとは考えず、そのものに面白い要素がないからだと決めつけてしまう。しかし、教養がなければ、文化は享受できない。現代日本人には〈演劇的教養〉が皆無だという認識こそ、私たちに何よりも求められる自覚だろう。

たとえば、アフリカやアマゾンで原始生活を維持している部族にベートーヴェンの《第九》のＣＤを聞かせたら、「素晴らしい！」と感動するだろうか。おそらくしない。彼らには騒音か雑音でしかないだろう。明治維新前の日本人も同じ反応だったに違いない。《第九》に感動するためには、ヨーロッパの音楽に触れている必要がある。それが教養だ。細かい音階のルールや作曲家の生涯についての造詣がなくても、モーツァルトやバッハを日頃から耳にしていれば、《第九》が素晴らしい楽曲だと感じることはできる。私たちが《第九》を素晴らしいと思えるのは、幼児教育や義務教育での音楽への啓発と、そこから派生するさまざまな〈音楽的教養〉の賜物なのだ。

現代日本人が《第九》に感動し、能をつまらないと感じる違いは、ここにある。教養が十分でない。しかし、なかなかそのように思考できず、能そのものに魅力が欠けていると捉えている人は多い。私もその一人だった。

能は「幽霊」に出会う芸能

三〇代の一時期、私は毎週のように能楽堂に通った。当初はどこが面白いのか、まるでつかめず、うんざりした。何十本か見るうちに、約束事や俳優の良し悪しはぼんやりと把握できるようになったが、それでもこの芸能の魅力を自分のものにできたとは、とうてい思えなかった。

ところが、ある日、『箙《えびら》』という作品を見たとき、それまでの疑念が氷解した。箙は矢を入れて肩や腰にかけ、携帯する武具だ。源平の頃、生田《いくた》の森の戦いで、梶原源太景季《かじわらのげんだかげすえ》が箙に梅の枝を挿して奮戦した故事が基になっている。

能は「複式夢幻能《ふくしきむげんのう》」という形式で上演されることが多い。「複式」とは二幕形式と考えればよい。おおむね、旅僧がある場所を訪れるところから始まる。そして、そこにいた老爺や老婆から「ここはこういう『いわれ』のある場所だ」と聞かされる。語ると彼らは姿を消してしまう。ここまでが第一幕。

第一幕が終わって次の幕までの間（幕間《まくあい》）に、人が消えたことを訝《いぶか》っている僧に、通りかかった近在の者がその「いわれ」を説明する。

僧はその場所で眠りにつく。すると「いわれ」にまつわる本人が夢に出てきて、「いわれ」を再現する。これが第二幕だ。出来事が夢や幻のようなので「夢幻能」と言われる。前場《まえば》（第一幕）の老爺や老婆と、後場《のちば》（第二幕）に出てくる主人公は同じ俳優であることが多く、「シテ方《かた》」と呼ばれる。

『箙』の場合、後場で梶原源太景季が自分の奮戦ぶりを僧の前で甦らせる。景季を演じた俳優は、かなり年配の能楽師だった。けれども、平太《へいだ》と呼ばれる面《おもて》（仮面）をつけていたこともあずかってか、私は鎌倉時代に生きていた若武者そのものに出会ったような錯覚に陥った。

何だこれは？　ナマのサムライがそこで呼吸している。――とても不思議な、そして幸福な瞬間だった。テレビや映画で源平合戦が描かれることはある。そうしたものとは、まったく違う。タイムマシンで鎌倉武者がポンと舞台に飛び出てきたような衝撃だった。

これだったんだ！　――と叫び出したくなる体験だった。能の何たるかをつかんだ気がした。私は舞台上に「幽霊」を見た。能を作った人たちは、おそらく観客に幽霊を見せようとしたのだ。

それ以来、私は能楽堂に幽霊を見に行くようになった。幽霊が見えれば素晴らしい公演だ、と考えるようになった。もっとも、幽霊はめったに現れない。『箙』なら幽霊の出現率が高い、というわけではない。他の演目でも幽霊が現れる可能性はある。また、同じ舞台を見たすべての来場者が幽霊を目撃するわけでもない。体調や気分にも大きく左右される。

歌川国貞《梶原源太景季》

《われわれはどこから来たのか　われわれは何者か　われわれはどこへ行くのか》

フランスの画家ポール・ゴーギャンの有名な作品の題名だ。この命題は、人間が自意識をもった太古から現代に至るまで解決できていない、けれどもまた逃れることもできない問いかけとして、絶えず私たちに迫ってくる。能が成立した室町時代の人々も、この問題と無縁ではなかった。いや、むしろ亡くなった人の霊魂が自分たちの身近で浮遊しているような感覚の中で日々を過ごしていたのではないか。死んだ人の姿は消えても「思い」は残っている。見えるはずのないその姿を目にしてみたい、という欲望は強くあったはずだ。

　それならば、見せてやろう。――おそらく、そうした衝動が創作者の意欲をかき立てた。しかし、そんなことをして祟《たた》られては困ってしまう。そこで亡霊の鬱懐《うつかい》を鎮魂する形で芝居は作られ、上演された。それもあってか、能の筋立ては詩的なものが多い。散文的な物語展開をもつものもあるが、割合は少ない。どうしても私たちは演劇やドラマというと波乱万丈奇想天外な筋を追うことに慣れている。しかし、能の場合は、亡霊の存念を汲み取ればよいのだ。そう捉えれば、難しいものではない。そうした教養が一般的でないだけだ。

　今でも能楽堂に行くと、舞台の外周に白い小石を敷き詰めた「白州」と呼ばれる場所がある。それは、客席である「この世」と舞台上の「あの世」を隔てる境界であると同時に、近世まではフットライトの役割も果たしていた。当時は通常、公演は昼に行われた。舞台部分には屋根があるので、暗い室内に明かりを入れるのに白州が必要だったのだ。幽霊なら夜の公演のほうが効果的な気もするが、今と違って電気照明などない。昼間のほうが上演しやすかった。それに、幽霊を見せても観客を怖がらせるのが目的ではない。あくまでも幽霊が実際に存在していることを目の当たりにさせたいのだ。その意味でも、昼間のほうが効果的だっただろう。きらびやかな色彩の装束《しょうぞく》（衣装）、加えて人から発せられたとは思えない地の底から漏れ出るような能楽師たちの声だ。観客が幻想に包まれる要素は十分揃っていた。

　本来、姿が見えないはずの、そして演じている俳優のものでもない、つまり「この世にない魂との出会い」を観客は体験したのだ。

先輩の死

私は常々、世の中になぜ「悲劇」が存在するのか、不思議だった。人生思いどおりにならずにイライラしたり、つらかったりすることが多いのに、その上、なぜ「悲しい出来事」を見に、わざわざ劇場へ足を運ばなければならないのか。

大学生の頃だから、もう三五年ほど前になる。所属する集団の先輩が亡くなった。彼は将来を嘱望された俳優だった。私と同い年で、とりわけ仲がよかった。今でこそ小劇場出身の俳優がテレビや映画に出るのはめずらしくないが、当時、彼の演技を見にテレビや商業演劇のプロデューサーがわれわれの劇場や稽古場を訪れることは、彼の一挙一動だけでなく、自分たちの活動すべてがまぶしくなるような大事件だった。その彼が亡くなった。交通事故だった。

電話であっけない死を知り、通夜があり、葬式があり、観客やファンとのお別れ会も開かれた。その間、私たちの仲間はやることはやるけれども、呆然としていた。人生とは何か、生きるとはどういうことなのか。事あるごとに言葉を交わし、交わしたところでどうにもならないと知ると、沈黙を共有した。そうした状況から抜け出すのに半年ほどかかっただろうか。私はこのとき「自分も死ぬべき存在なのだ」という事実に、おそらく初めて向かい合ったのだ。

一年経って、仲間で彼の実家を訪ねた。ご両親の歓待を受け、思い出の品などを見せてもらった。高校時代にパーソナリティを真似て自作したラジオ番組風の録音テープを聞きながら、もし彼が生きていたら私たちがこれを聞く機会はなかっただろう、と考えた。子供の頃のアルバムを見ながら女性たちが「カワイイ」と笑い合い、やがて涙する姿を見て、死ななければ彼の幼少期の写真が彼女らに公開されることもなかっただろう、とどこかやりきれない思いが去来した。

「よせよ恥ずかしい」。彼がふいに廊下の向こうから部屋に入ってきて、アルバムを奪い取るような気がした。姿を見たわけではないが、「幽霊」はいたのだ。

演劇は葬式に似ている。そして、おそらくそれが悲劇の存在する意味なのだ。

演劇は葬式に似ている

私たちは日々、目の前のことでせいいっぱいだ。「ゲームをしすぎて眠い」、「ヤバい、締め切りが迫っている」、「うまいものが食いたいな」、「おっ、イイ女」といったことに忙殺されている。たまによぎることはあっても、自分はどのように生きるべきか、人間とはどのような存在なのか、人類の未来はどうなるのか、といった疑問に正面から向き合うことはめったにない。

しかし、私たちは長い人類史のほんの一部分でしかない、現存する何十億という人類のたった一人にすぎない。宇宙という深遠な大河では一滴にも満たない。時々こうした視点をもたないと、人間は思い上がる。思い上がって、紛争を起こし、環境を破壊する。そのために「悲劇」に触れることが必要なのだ。

二五〇〇年前、ギリシア人はそう考えた。築き上げた文明の結果として、解決のつかない紛争を数々抱え、森林伐採による環境破壊は深刻だった。かつて都市国家のあった場所が今、砂漠のようになっているのは、その名残りだ。過度の森林開発で土地が瘦せてしまったのである。

驚いたことに、その思い上がりを戒《いまし》める必要があることを、彼らは知っていた。そこで年に一度、悲劇を見るために市民が劇場に集まることを義務にした。ディオニューシア祭と呼ばれる演劇祭だ。そこで上演されたのが、『オイディプス王』、『バッコスの信女』、『メデイア』、『エレクトラ』、『トロイアの女』などの今も残るギリシア悲劇作品だ。

料金は無料。出演料や経費は金持ちが順送りで負担したと言われる。市民は、ふだん怠《なま》けている自分たちの代わりに「人生」や「人間存在」や「人類の運命」について考え続けてくれる演劇人たちを大切にしたのだ。演劇祭がただの思いつきでなく、つまり一過性のイベントではなく、社会のシステムの一部として長い期間、維持されていたことを考えると、古代ギリシア人たちの冷徹な人間観には身震いがする。

悲劇にはすべて幽霊を呼び出す機能がある。能だけでなく、ギリシア悲劇も、もちろん有名なシェイクスピアの四大悲劇も、その後書かれた幾多の作品も、主人公の霊を呼び出すことのできる構造をもっている。観客に幽霊を、すなわち「この世にない魂」と「出会う」機会をもたせることができる。それに成功したとき、舞台は見た者にとって忘れがたい体験となる。

＊

葬式も同じだ。本当に心のこもった葬式では、多くの参列者からその人の生前が語られ、思い出される。あたかもその人が幽霊として出てきたかのような、その場で再び生き始めるような錯覚にとらわれる。

日々の暮らしの中で、私たちの記憶は薄らいでいく。それゆえ、悲劇が再演を重ねるように、「〇回忌法要」という形で、私たちはその人の記憶を時々、復元・再生するのだ。葬式や法事で亡くなった人の霊前やお墓に手を合わせるとき、私たちはその人のことを思い出すとともに、その人と過ごした時間を思い出し、当時の自分を思い出す。そして、感謝したり、現在の自分を反省したりする。すなわち、謙虚になる。

私は鎌倉時代のことも、ギリシア時代のことも知らない。それらの時代に知り合いもいない。けれども、優れた悲劇に接すると、その時代、その土地のことに思いを馳せる。それはまぎれもなく私たちの先祖が過ごしてきた時間だと感じる。そうした時間を積み重ねて現在の自分がある、と思いを致す。今、私が生きていることは、生物としての私が現在を生きているというだけではない。過去があり、さまざまな人や時代があって、種々の記憶の堆積の上に自分が立っている、と思い知らされる。つまり、現在を見つめる視線が、より複雑になる。

それが悲劇の意味であり、文化的に豊かであるということだと私は考えている。

第二章　台本から演劇を作る

「演劇は台本から」ではない

テレビドラマや映画をはじめ、演劇や演技と聞くと多くの人は「まず台本ありき」と考える。ここに〈演劇的教養〉の理解と浸透を阻《はば》む元凶がある。言い方を変えれば、この考え方のせいで多くの人が演劇の楽しみ方の相当部分を失っている。

経験のない人が「演劇をやろう」と思う場合、たいていメンバーの誰かが台本を書く。あるいは、本屋や図書館やネットで台本探しが始まる。初心者が台本執筆や台本探しから演劇の創作作業に入るのは、「演劇をやりたい」という思いを反映させるには、必ずしもうまいやり方とは私には思えない。かなり限定的な、そして多くの場合、目論見よりはるかに小さな成果しか手にできない。

決して「台本が悪い」と言いたいわけではない。私自身、さまざまな台本を用い、所属する集団の舞台や、依頼された外部公演のために芝居を作っている。戯曲、台本、テキストがたたえる豊潤で素晴らしいイメージは、私なりに理解しているつもりだ。その上で思うのは、台本を扱うのは一般に思われているほど簡単ではない、ということだ。その難しさを知らずに、「演劇」と聞くと条件反射のように「台本」となってしまう、わが国の常識に疑問を呈しているのである。

「演劇を楽しみたい」、「演劇を人生の糧《かて》にしたい」と思うなら、まずはこのあと紹介するさまざまな〈演劇的教養〉、すなわち演劇的な要素に満ちた多岐にわたる遊戯に触れてほしい。「台本」が「演劇の魅力」に到達する一つの入口にすぎないことを知ってから「台本」に触れても遅くはない。

しかし、長年培《つちか》われてきた「演劇は台本から」という手ごわい前提が立ちはだかっている以上、遠回りを覚悟で「台本」を扱う難しさについて触れることから始めよう。

『ロミオとジュリエット』で役作り

俳優が役になる作業のことを「役作り」と言う。役作りも、演劇と同様、誤解されている。簡単に図解しよう。「私」と「役」、二つの円を考える。

「役になりきっている」。舞台や映画に出ている優れた俳優を見て、そのように言う。これは左側の「私」から右側の「役」に近づくイメージだ。

一方、「役を自分のものにしている」という言い方もある。こちらは「役」を「私」のほうに引き寄せている、というニュアンスだ。

いずれにせよ、「私」と「役」が引っ張り合っている。この状態を作るのが、役作りだ。引っ張り合う力を英語で「テンション」と呼ぶ。ラテン語の「テンデレ」(引っ張る)が語源だ。われわれが日常用いる、たとえば「アニメについて語らせるとテンションが高い」とか「運動会に雨が降ってテンションが下がる」という言いまわしとは少し違う。では、何が引っ張り合うのか。『ロミオとジュリエット』を題材に考えてみよう。

――舞台はイタリアの都市ヴェローナ。仇敵同士の二名門の子であるモンタギュー家のロミオとキャピュレット家のジュリエットが主人公だ。二人はパーティで知り合い、一目でともに恋に落ち、翌日ひそかにロレンス神父のもとで結婚する。その直後、ロミオは街頭で喧嘩に巻き込まれ、ジュリエットの従兄を殺してしまう。二人は一夜をともにするものの、彼は街を追放され、彼女は別の婚約者と結婚させられそうになる。一計を案じたロレンス神父はジュリエットに毒を飲ませて仮死状態にし、彼女は結婚を免れる。ところが、情報の行き違いでそれを知らされなかったロミオは、彼女の死を信じ、嘆きつつ自殺する。目覚めたジュリエットも、ロミオの死を知って、あとを追う。

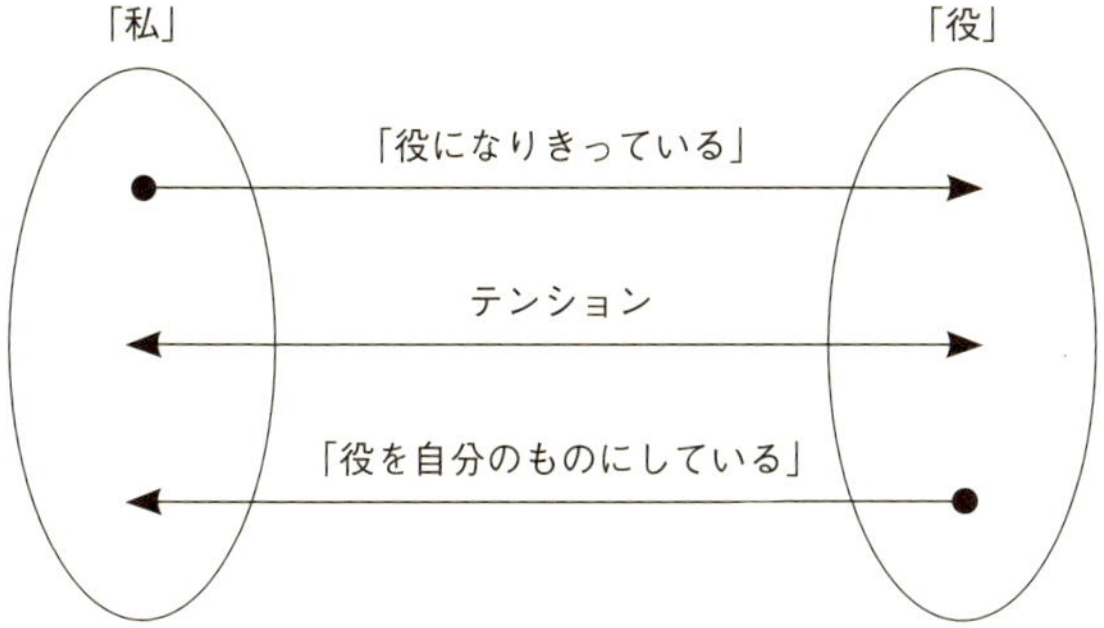

「私」と「役」

話は逸れるが、そもそもなぜここで『ロミオとジュリエット』を選んだのか。おそらく日本でいちばん知名度の高い台本だからだ。シェイクスピアの名作を貶《おとし》めるつもりはないし、私もこの作品が大好きだが、日本でいちばん流通している戯曲が英国の劇作家の手になるものだというのは、日本人にとって好ましいことではない。世界の常識に照らすと、ひどく珍妙な現象だ。

イギリスがシェイクスピアを代表的劇作家として擁するように、フランスならモリエール、ドイツならゲーテ、アメリカならテネシー・ウィリアムズ、ロシアならチェーホフ、ノルウェーならイプセン、といった具合に、それぞれの国には言語に応じた代表的劇作家がいる。その国のプロの役者は、その劇作家の戯曲を必ず演じたことがある。自国の劇作家の作品に精通しているし、それを上演できる自分たちに誇りをもっている。その上で、他国の作家の作品も、むろん上演する。他国の俳優が自国の劇作家の作品を上演すると、人々は非常に喜ぶ。自尊心の拠り所でもあるのだ。シェイクスピア作品に出演したことのない英国人俳優がいたら、モグリである。

日本がかつてイギリス領で、英語が公用語だったのなら、この珍現象もわからないではない。だが、独自の歴史と言語をもった先進国で、こんな状態が放置されているのは日本だけだ。なぜ歌舞伎の『仮名手本忠臣蔵』や能楽の『道成寺《どうじょうじ》』ではいけないのか。他にも候補になるべき日本の戯曲はあるだろうに、と見渡してみても『ロミオとジュリエット』に取って代わるものは今のところない。たとえばテレビや映画で活躍する役者が商業演劇で上演する。もしくは小劇場の俳優が自分たちのカンパニーで上演する。可能性のある共通の戯曲を探っていくと『ロミオとジュリエット』に行き着く。これは残念な事態だと私には感じられる。

「役」ではなく「私」を考える

話を戻そう。男性にロミオ、女性にジュリエットの役がふりあてられたとする。彼らはいったい何を考え始めるだろうか。学生やアマチュアの人たちと芝居を作ってきた経験から言うと、一〇〇パーセント「役」のことを考える。

ロミオなら「恋の成就を喜んで彼はどのように笑うか」、「ジュリエットと離れ離れになる運命を呪って、どんなふうに嘆き悲しむか」と考える。

ジュリエットなら「どんな具合に胸ときめかせてロミオを部屋に迎え入れるか」、「ロミオが殺した従兄の死を知って、どうやって泣き叫ぶか」と考える。

いや、ここまで考える人はまずいない。大半は公演のひと月もふた月も前から「役」の衣装や髪型が気にかかる様子で、それはそれで微笑《ほほえ》ましい光景だが、役作りの観点から言えば、まったく的外れだ。

役作りで真っ先に必要なことは何か。「役」を考える前に、まず「私」を捉えることだ。セリフは自分でない人が書いた、赤の他人が語る言葉である。『ロミオとジュリエット』で言えば、四〇〇年も前のイギリス人によって書かれた、イタリア人の若い男女の物語だ。台本の扱いが簡単ではない理由の一つは、ここにある。

中世イタリアの若い男女がどのように会話するかを考える前に、現代日本の若い男女である自分たちがどのような会話をしているかを把握することが求められる。そうでないと、「役」と「私」の間に引っ張り合いなど成立しない。二つのものが引き合うには、それぞれの足場が必要だ。「役」の足場を構築する前に、「私」の足場を固める。順序よく考えればわかる。「私」という拠点があるから、「私」でない、いろいろな「役」との距離が発生し、その間にテンションが発生する。

ロミオやジュリエットはどれくらい現代日本の男女と違うのか。まず、この二人は街を代表する有力な家の子女だ。現在の日本で、昼日中、街中で剣をふりまわして決闘をする若い男子がいるだろうか。乳母にかしずかれ、世話されることに慣れ親しんでいるお嬢様がどれほどいるだろうか。押さえておかなければならないのは、シェイクスピアが書いたセリフは、そうした現代の日本とはかけ離れた社会に暮らす若者たちの会話なのだ、ということである。

ロミオが「恋の成就を喜んでどのように笑うか」の前に、「恋が成就したとき『私』はどういう状態になるか」を探るべきだ。勝ち誇ったように笑うのか、思いどおりに事が進みすぎてたじろぐのか、人に気づかれないよう平静を装うのか。ジュリエットなら『私』が好きな人を部屋に迎え入れるとき、どんな興奮に包まれるか」を考える。ワクワク、ドキドキするし、それこそどんな髪型でどんな服を着るのかに神経を遣うはずだ。部屋がちらかっていたら、いたたまれないし、匂いも気になる。いつもと違った視線で周囲を気にしている自分を発見するだろう。

「役」に取り組む前提として、「私」の把握がある。そうでないと、「役」と「私」の間に緊張感は生まれない。

演劇の存在意義

「私」をつかむこと。それが第一歩。だが、その作業に終わりはなく、簡単ではない。というのも、私たちは「自分のことは自分がいちばんよくわかっている」と考えがちだからだ。何も愚かな人間だけがそう信じているのではなく、むしろ立派な業績を残した人ほど、この固定観念から抜け出せない。この思い込みが、有史以来、人間を人間たらしめ、一方で人間を苦しめ続けてきた普遍的で巨大な思い違いの正体なのだ。それゆえ、古今著名な悲劇は皆、これをテーマにしてきた。自分という存在が客観的に把握できない、あるいはできていなかったことによって引き起こされる出来事。それが悲劇だ。

ギリシア悲劇の最高傑作と言われる『オイディプス王』――自国テーバイに流行っている疫病の発端を国王オイディプスは自ら捜索していく。突き止めたのは、原因が自分にあった、という思いがけない結論だった。彼は実の父親と知らずにある男を殺し、実の母親と知らずにある女性と結婚して、子までもうけていた。その穢《けが》れが疫病の原因だったのだ。それまで誰も解けなかったスフィンクスの謎を解いて倒したことで、国民から全幅の信頼を勝ち取り、テーバイ国王に迎えられたオイディプスだったが、彼は自分を生んだ実の両親、ひいては自分のことがわかっていなかったのである。

シェイクスピア四大悲劇の一つ『マクベス』——彼はスコットランドの優秀な武将で、王の忠実な部下だった。荒野で出会った魔女たちの謎めいた言葉をきっかけに権力への野心が芽生え、王の暗殺を企図する。夫人は躊躇《ちゅうちょ》する夫を叱咤し、最終的には実行させる。王になった彼は、魔女の言葉を一緒に聞いた同僚や、自分を疑う武将たちを次々と暗殺する。結局、闘いに敗れて追いつめられ、妻は良心の呵責《かしゃく》から夢遊病になって死ぬ。その直後に彼も討たれる。身の丈を越えた野心が、それまで理性的だった彼に「自分を見失わせる」。しかし、人間は身の程を越えた野心をもちやすい生き物なのである。

〈演劇的教養〉が「私」の把握を第一義的に重視するのは、人間が自分で思うほど自分を客観的に見られない存在だからである。それゆえ、演劇という鏡が必要になる。演劇が「自己把握できない人間存在」を表現する以上、表現する側は極力、自己把握に努めるべきだろう。

あなたの笑い方は何種類あるか

「恋の成就を喜んで笑うロミオ」を例に進める。

「笑い」一つでも、やさしくない。「あなたの笑い方は何種類あるか」と聞かれて瞬時に答えられる人は、まずいない。状況は千差万別で、笑い方も無限にあるように感じられるが、いざ指折り数えてみれば、どの笑い方も似たようなものであることに気づく。

意図的に違った笑い方をしても、嘘くさく感じられるのであれば、リアリティに欠ける。そのような「笑い」を人は通常、笑わない。いろいろな場面、さまざまなきっかけで人は笑う。けれども、その時々で自分がどのように笑っているか、意識することはほとんどない。

そう考えると、日常生活のすべてが観察対象になる。「箸で口に入れたご飯を何回嚙んで飲みこむか」、「横断歩道をどちらの足から渡り始めるか」、「今日最初にかいだ匂いはどのようなものだったか」、「電話で話すとき、一〇秒で何文字しゃべっているか」と、きりがない。

今、挙げたものは表面的に観察すれば、すぐに結果が出る。さらに進んだ観察。「最近どういう出来事や内容で笑うことが多いか」。記憶をたどれば、思い当たるものは出てくる。テレビで見たお笑いタレントの気の利いたコメントに吹き出した。子猫の愛らしいしぐさに思わず頰がゆるんだ。用事を忘れた友人の呆れた言い訳に苦笑した。

「では、あなたはどういう出来事やネタで笑う傾向にあるか」と問われると難しい。笑いに限らない。どういう状況で腹を立てやすいか。どういう情景に涙しやすいか。——感情が出てくる背後にある心の動きに意識的になることは日常ほとんどないことに気づく。

演劇と無関係な生活を送る人にとっても、この章で述べたような自己観察にはメリットがある。人間は他人を見るようには自分のことが見えていない、という前提で改めて自分を見直してみると、根拠もなく意地になったり、偏見を抱いていたりしたことがあるのに気づく。それは今後の自分をいい意味で変えていくヒントになるだろう。

第三章　発声練習と役作り

大きな声、長い息、嗄れない声

ここからの話は少々専門的だ。具体的には「声」と「身体」と「感情」の関係を徐々に掘り下げていく。しかし、それは俳優だけでなく、すべての人にとって、自分を捉える上で重要な内容になる。

いくつかの大学や専門学校で演劇科の学生と触れる機会がある。すべての学校を知っているわけではないが、ざっと見渡したところ、発声練習にかける時間が少ない。複数の学校では、特段に時間をとって発声訓練を行っていなかった。ついでがあればやる、ということらしい。俳優養成学科を名乗っていながら、卒業までの四年間、いっさい発声の講義がない、という大学もあった。演劇教育では伝統のある大学だ。ここまでくると、怠慢とか不覚を通り越して、オカルトに思える。

演劇科で発声練習がないのは、和食の料理人を養成する学校で包丁の使い方や手入れの方法を教えずに卒業させるのに等しい。こんな言い方はしたくないが、詐欺である。

なぜ発声練習は必要なのか。

「大きな声を作る」。多くの人が納得する。大きな声が出る俳優は小さな声も出せるが、声の小さな俳優は大きな声を出せない。発声では、大は小を兼ねる。もっとも、大きな声とは何か、という問題が残る。多くの人に聞こえたからといって、その声が不快感を与えるものなら意味がない。より多くの人々の心に届く声こそが「大きな声」である。

「息を長くする」という狙いもある。洋の東西を問わず、古典戯曲では主要な役に長いセリフがあてられている。また、私たちの日常にはない、長い言葉のやり取りがある。それが作品の文学性を保証し、魅力につながっている。「長ゼリ（長いセリフ）を聞かせること」は、舞台俳優の技術としてかなり重要だ。長い息とは、必ずしも肺活量だけの問題ではない。息を声にする効率も求められる。一呼吸で発語できる文字数を増やす。ただ多くの文字を一息で言えるようになっても「長ゼリを聞かせる」ことにはならない。声の大小だけでなく、腹圧の強弱、焦点の取り方、響きの高低など、専門技術が「役」の複雑な内面と結びついて、ようやく聞くに堪える「長ゼリ」が実現する。

「嗄《か》れにくい声を作る」という側面もある。音源である声帯は、軟骨と筋肉からできている。運動不足の人が、いきなり一〇〇メートルを全力疾走すれば、よくて筋肉痛、下手をすると肉離れを起こす。声も同じだ。日頃出さない大きな声を突然張り上げると嗄れやすい。声嗄れとは、声帯の筋肉痛、肉離れである。プロであれば、料理人が包丁を毎日研ぐように、発声練習は欠かせない。

声は、俳優に限らず、人間の印象を決定する大きな要因でもある。「メラビアンの法則」を参考にすると、人の第一印象は「容姿」五五％、「声」三八％、「言語情報」七％という順で決まっていて、声は容姿に次いで重視される。俳優が舞台に登場し、第一声を発した瞬間から、観客はこの声をもっと聞いていたいかどうか、意識的であれ無意識的であれ、判断を始める。「いい声」の基準は理屈ではない。官能の領域だ。したがって、先天的な要因が大きく影響する。しかし、ここでも「いい声」とは何か、という問題が出てくる。「官能」といっても、人間のエロティシズムは――「実践編」の

《ストリップ》で触れるように——かなりあやふやなものだ。時代によって、地域や文化によって違ってくる。

仮に大きくて、息の長い、嗄れにくい声を作るという目的のためだけでも、それ相応の時間がかかる。二〇歳の人間は、二〇年かけて今の声にたどりついたのだ。その声を磨くのであれば、大げさに言えば身体のあり方を変える必要がある。年単位の期間を要する。もし俳優として活動するなら、発声練習の開始は早いに越したことはない。

世界一美しい日本語とは？

だが、大きくて、息の長い、嗄れにくい声は、発声練習の終着点ではない。

音楽では、声楽のように、声も楽器の一つとして考える。そう考えたほうが、客観的に捉えやすく、手入れが必要だという感覚ももちやすい。楽器練習の第一歩は、楽譜に書かれている音を正確に出せるかどうか。声も同じだ。日本語で書かれたセリフや文章を正確かつ明晰に読んで音にできるか、聞いている者に伝わるか、聞く価値のある音になっているか。

実際に文章を口に出して、すべての音を正しく発音するのは案外難しい。日常会話では問題なくても、大人数に話しかけたり、人に会話を聞かせたりする場合、検討するポイントが出てくる。「アクセント」、「無声音」、「鼻濁音」だ。また、一定の長さの文章を読むと、テンポにむらが出たり、特定の言いまわしの部分だけ早くなったりする（詳細は「基礎編」の《発声》で触れる）。

ワークショップでメンバーにこんな質問をしてみる。「世界でいちばん美しい日本語を話すのは誰だと思いますか？」——皆、答えに窮する。考えたこともない問いだ。「世界でいちばん正確な日本語を話すのは、おそらくNHKのアナウンサーでしょう。正確な日本語を守ろうという高い意識で訓練を積んでいると感じます。では、いちばん美しい日本語を話すのは誰か。正解は『日本の俳優』、であるべきです」――まだ、ぽかんとしている。

俳優は自国の言語を正確に、かつ美しく発話する役まわりを担っている。音読や会話や物語ることに関するお手本になる。これは日本を除く先進国では社会常識だ。フランスで「世界でいちばん美しいフランス語を話すのは誰？」と尋ねれば、「コメディアン」（フランス語で「俳優」の意）、「コメディエンヌ」（「女優」）と答えが返ってくる。こうした国では、俳優は尊敬されている。本人も誇りをもっている。果たすべき役割がはっきりしており、職業として尊重されている。言語を守ることは国のあり方を維持することにつながる。強烈な防衛意識が根底にあるのだ。

国語は国民のアイデンティティと直結している。言語を失うと文化も失われる。国を守るのは軍事や外交といった政治の問題だと私たちは考えがちだ。しかし、それらが守るものの中身は何か。国民の安全や財産と同時に「言語」や「文化」なのではないだろうか。残念なことに、わが国では俳優に対する前時代の「河原乞食」、「河原者」といった差別意識が微妙に残っていて、俳優本来の職務について社会一般の認識が薄い。これは社会にとって大きな損失だと思う。

びっくりさせる係

発声の話を続けるが、少し視点を変える。

舞台やドラマ映像の中で起きることは、私たちの日常ではない。想像を超えた場所で思いもよらないことが勃発する。身近でありふれた設定でも「常態」でないことが描かれる。自分の知らない触れたことのない世界への好奇心から、われわれは劇場や映画館に足を向け、テレビやラジオのスイッチを入れる。

「朝起きて、仕事に行き、ルーティンワークを何事もなくこなし、帰宅して寝た。目新しいことは何一つなかった」という話があるかもしれない。しかし、その場合も、人物の心の動きや置かれている状況、あるいはその描き方に、常日頃とは違った要素が含まれているのではないだろうか。

芸術とは「いい意味で世の中をびっくりさせること」であり、芸術家は「世の中をびっくりさせる係」だと私は考えている。殺人や強盗などの犯罪で世間を驚かすのではない。とはいえ、動機を眺めれば、芸術家の動機も犯罪者のそれと変わらない。社会に向けた表出の仕方が違うのである。芸術は決して何か難しい、特別なものではない。「わかろう」とするから難しくなる。「びっくり」すればよい。それが芸術との接し方だ。

月岡耕漁《能楽道成寺》

わが国を代表する芝居に『道成寺』がある。能や歌舞伎で上演される。原典は平安時代の説話集『今昔物語集』。主人公の女性は、自分の愛した僧が再会の約束を破って逃げ出したため、それを追う。追ううちに蛇に変身し、僧が逃げ入った道成寺の鐘に身体を巻きつけて、鐘もろとも僧を焼き殺す。道成寺は和歌山県に実在するが、鐘は今もない。

独身女性が若僧を慕い、僧が戒律を破って、女性と懇《ねんご》ろになることはありうる。しかし、好きな男に裏切られたと感じ、追ううちに蛇になって、男を隠れた鐘ごと焼殺する女性などいない。荒唐無稽な物語が芝居の題材として長い命脈を保ってきたのには、それなりの理由がある。

実際に怒り狂った女性が目の前にいるとしよう。裏切った覚えのある男性なら、婦人の怒りのうちに大蛇のような化け物を見、彼女の権幕に業火に焼かれるがごとき寿命の縮む思いをするだろう。「蛇」も「焼殺」も、そこに真実味がある。もし実際に蛇に変身し、鐘を溶かしてしまう女性がいたら、「奇人変人」だ。実社会にそんな女性はいない。ところが、舞台やドラマ映像の題材には、こうした奇人変人がずらりと並ぶ。映画なら『男はつらいよ』の寅さん、『メリー・ポピンズ』、『羊たちの沈黙』でアンソニー・ホプキンスが演じたレクター博士など、枚挙に暇《いとま》がない。程度の差はあれ、奇人変人でなければ、主だった登場人物にはなれない。俳優とは「世の中をびっくりさせるために奇人変人になる係」のことだ。

俳優には常日頃ない状況を生きることが求められる。それには「役」以前に、彼ら自身が尋常でない時に、どのような声を出し、どのような身体になるのかを観察し、把握する必要がある。専門の教育機関で発声練習が重要だと思うのは、主としてこの理由からだ。

トレーニングには大きく二つのことが求められる。

一つは、ふだんはめったに出会わない自分の強い感情を探し出すことだ。演技では激情を求められることが多い。何の準備も訓練もない状態でいきなり激しい怒りを表現するのは難しい。想像力を使って、自分の身体の中に埋まっているパッションを掘り出す。

もう一つは、自分の中にある感情のバリエーションを知り、広げることだ。たとえば「怒り」は一種類ではない。無数にある。それらを探索し、違いを識別して、再現できるようにする。

役の感情

『ロミオとジュリエット』に戻って考えよう。作中、ロミオに大きな「怒り」が発生する場面を拾ってみる。

A　ジュリエットとの結婚式の直後、ヴェローナの街路で彼女の従兄ティボルトにからまれ、親友のマーキューシオが殺され、その復讐としてティボルトを殺してしまうところ。（第三幕第一場）

B　ロレンス神父の庵《いおり》で、ロミオがティボルト殺害の罰としてヴェローナを追放処分になる、と聞かされるシーン。（第三幕第三場）

C　追放先のマンチュアで、ジュリエットの死を知った際。（第五幕第一場）

一方、ジュリエットはどうか。

D　夫になったばかりのロミオが従兄を殺した、と乳母から聞かされた場面。（第三幕第二場）

E　前夜、訪ねてきたロミオがヴェローナ追放のため、早朝自分の部屋をあとにする時。（第三幕第五場）

F　仮死状態から目覚め、ロミオの死体が自分の胸に抱かれているのを発見した直後。（第五幕第三場）

これらの「怒り」はすべて違う。

Aでロミオは親友の死に報復したい、という激情に駆られている。友を失った悲しみがベースにある、強烈な怒りだ。

Bのロミオ。理性では大公(ヴェローナの領主エスカラス)の裁定を当然と考えている。だが、追放はジュリエットとの別れを意味する。その悲しみと殺人者になった自分の運命を呪う怒りが混じる。

Cでは、何かの間違いだと思う気持ちと数々の疑念で混乱している。病気か、それとも殺されたのか。防げなかったのか。妻の喪失という巨大な悲哀、彼女とのめぐり合わせへの恨み、無力だった自分への怒りがない交ぜになっている。

このように、感情は「怒り」とか「喜び」といった一つの情緒では割りきれない。自分を観察すればわかる。香水が種々の香料のブレンドから作られるように、その時々の情感には種々の要素が混合している。自分の内面を広く深いところまで見つめ、登場人物の気持ちを読み解く能力も、台本に取り組む上で重要な技術だ。台本の扱いが考えられているより難しいのは、こういう部分である。

次に、ジュリエットの「怒り」。

Dでは、従兄の死は悲しい、殺した者への怒りもある。一方、夫ロミオが死ななかった喜びがある。さらに乳母が当初「あの人が」と繰り返すばかりで誰なのかわからず、死んだのが従兄と聞いて安堵もしている。「悲しみ」、「怒り」、「喜び」、「安堵」の同居だ。

Eのジュリエット。ロミオがまだヴェローナにいると知れれば、夫はつかまり、殺される。別れたくないが、死なせたくもない。彼女は「まだ朝ではない」とロミオに語りかける。彼はジュリエットの気持ちを察して死を覚悟し、「あのうすあかりは朝日のまなざしではない」と応じる。彼女はにわかに心変わりし、「朝よ、朝なのよ、行って」とせき立てる。自分たちの運命と、わがままを言った自分への怒り、夫のいじらしさ、愛されているという喜びも含まれる。

Fで、そばにいた神父は、ロミオが彼女の胸に抱かれて死んでいる、と告げる。薬瓶から毒で自殺したこともわかる。絶望的な悲しみの中で、自分を置いて死んだロミオへの怒り、この恋愛に対する哀れみ、計略がうまく運ばなかった悔しさ、眼前に横たわるロミオへの胸を締めつけられるような愛おしい気持ちが入り混じる。

感情の変化

感情のブレンドは、瞬間ごとに躍動的に姿を変える。再びAの場面に着目しよう。

第三幕第一場は、ヴェローナの街路。ロミオの従弟ベンヴォーリオと同じくロミオの親友であるマーキューシオの他愛もない会話から始まる。そこにジュリエットの従兄ティボルトのグループがやって来る。昨夜キャピュレット家のパーティに潜入したロミオを見て腹を立てていたティボルトは、ロミオの従弟と親友を挑発する。一触即発のところに偶然、秘密の結婚式を終えたばかりのロミオが通りかかる。

このあとの展開を、ロミオの気持ちの変化に合わせて考えてみよう。

A－1　ティボルトはロミオに食ってかかる。だが、ジュリエットと結婚し、親戚関係になったロミオは挑発に乗らない。業を煮やしたマーキューシオがティボルトと斬り合いになる。ロミオは二人の間に入って止める。ティボルトは、ロミオの腕の下からマーキューシオを刺して、いったん去る。

A－2　手負いの親友はロミオをなじる。ベンヴォーリオが親友を家の中へ連れ去る。「おお、ジュリエット、おまえの美しさがおれの心を弱気にし」たのか、と煩悶するロミオにベンヴォーリオが親友の死を告げる。

A－3　戻ってきたティボルトにロミオは剣を抜き、戦いののち、ティボルトを殺す。ベンヴォーリオに促され、「おれは運命のなぐさみもの！」と叫んで、その場から逃れる。

A－1のロミオの怒りは大きくない。ジュリエットを思う気持ちがティボルトへの怒りを抑えている。マーキューシオとティボルトの戦いは身体を張って止める。こうした小競り合いが両家の確執をさらに深刻にすることが理解できない両人への怒りがある。同時にジュリエットとの結婚を高らかに宣言できない後ろめたさもある。

A－2では、マーキューシオの非難によって、自分は恋愛で骨抜きにされたのではないか、という疑いが浮上する。疑念が晴れない怒りと悲しみの中、親友の死という事態に、彼を抑えていた理性の箍《たが》が外れる。

A－3で剣を手にしたロミオは、もはや別人だ。妻への愛も街の安寧も忘れ、復讐の鬼と化した彼は怒りにまかせてティボルトを殺《あや》める。その後、冷静さを取り戻し、事態の展開に仰天する。自責の念と人知を超えた宿命へのやるせない怒りや悲しみがある。混乱の中、彼はその場から姿を消す。

それぞれの情感は思いつきではない。セリフ一つ一つとその行間を根拠に組み立てたものだ。前後の場面から想像したり、作家の生涯や他の作品から忖度《そんたく》したり、自身の生活体験から類推したりすることもある。登場人物はロミオ一人ではない。マーキューシオ、ベンヴォーリオ、小姓、召使、ティボルト、彼の従者、市民も、それぞれロミオと同様、互いに影響し合いながら、その場で刻々と感情を変化させつつ言葉を吐き、身体を動かす。それゆえ、感情は複雑に変化するのである。

インスピレーション

俳優は感情を想定し、声や身体の表現を模索して、最終的に舞台上やカメラの前で演技をする。登場人物の情感やその流れを読み取る台本解釈から実際の演技までの過程を「役作り」と呼ぶ。

役作りは俳優の創作作業の核だ。詩人や小説家、画家や音楽家が作品を作り、発明家が新製品や新技術を製作する工程と変わらない。

(1)文筆家がインスピレーションから作品に着手するように、役者も何かしらの思いつきを出発点にする。「この役はこんな感じだろうか」という予感だ。
(2)絵描きが一心不乱に紙やキャンバスに画材を塗り込むように、演技者は役の大まかな形を自分の身体を通じて探し出し、それが姿を現す。
(3)作曲家が粗い音の塊を大胆かつ繊細にコンセプトや美学に照らして改変・修正するように、俳優はひとまとまりのイメージを共演者や演出家とともに再構成し、調整する。
(4)発明家が作品やアイデアを発表し、多くの人の利便に供するように、役者は稽古場で造形した役を基に、衣装や照明などのスタッフワークを有機的に取り込んで、本番に臨む。

(4)は、私たちが客席で目にする光景だ。説明は不要だろう。(1)から(3)を簡単に解説する。

(1)の「インスピレーション」。俳優はセリフ、ト書き、行間、資料、経験などから「役」の性格や外見を想像する。ロミオなら「情熱的」、「爽やか」、「やさしい」、「背が高い」というイメージから始める。それは陳腐だと考えるなら、「もさっと」して「がさつ」で「いじわる」で「短軀」で「太りぎみ」のロミオを思い描いてもかまわない。作品のコンセプトに関わることなので、演出家やプロデューサーの了解は必要だ。個人的には、見たことのない「もさっと」ロミオに興味が湧く。

「もさっと」の場合、上記の「がさつ」、「いじわる」、「短軀」、「太りぎみ」という要素と、台本上のロミオが矛盾しない設定を考える。成立しないセリフが出てこないように、緻密に設計しなければならない。《読合せ》の稽古はそのために行われる。他の登場人物と台本を読み進め、演出家やスタッフも交えて、役のプランとセリフが矛盾せず、魅力的な芝居になるかどうかを検分する。

有力な家の跡取り息子ながら、まったく自信のない、さえない男が、ジュリエットとの出会いによって、突如「情熱的」な恋愛に目覚め、生まれ変わったように「精力的」な男になる。そう設定する。「もさっと」が自信のなさゆえなら、ジュリエットに出会う前も、出会ったあとも、一人の時は不安に駆られている、と推測する。以下のようなアイデアが出てくる——彼は泣き虫で、思いどおりにいかないとモノにあたり、貧乏揺すりをし、落ち着きなく歩きまわり、爪を噛んだりする。

それら個々のアイデアからも数多くの選択肢が生まれる。一口に「泣き虫」と言っても、なぜ泣くのか、どのように泣くのか。バリエーションは無数にある。

一方、ジュリエットと相対する時には一転、信じられないほど「堂々と」、「奥ゆかしく」、「情の厚い」太りぎみの短軀に変身する。ゆったり歩き、言葉には理性と熱意がこもり、人の話をよく聞く。そのあたりまで決めて、俳優は《読合せ》に臨む。

恋愛による自信と生来の劣等感が同居して、観客の目には情緒不安定な人物と映るだろう。たとえ二重人格のロミオが荒唐無稽でも、リアリティが保てれば問題はない。「こういう人はいそうだ」と信じてもらえるかどうか。客席が「いるわけない」と判断しそうなら、プランは採用されない。

「もさっと」ロミオは一つの極端な例である。しかし、こうしたロミオ像を夢想するのは可能だし、創作の面白さは一見、馬鹿馬鹿しい思いつきの中に潜《ひそ》んでいる。精神を病んでいる「もさっと」したロミオが登場し、芝居が成立するなら、現代的で面白いと思う。

役作りは釣りや発掘に似ている。この段階では、釣りならどの魚を狙うか、発掘ならどんな化石を標的にするかを定める。

釣り上げる、掘り出す

(2)の「大まかな形を」、「一心不乱に」探す段階。狙いを定めたキャラクターが棲みつく身体を探索する。

どこで探すのか。俳優の身体の中で、である。

どのように探すのか。海に糸を垂れるように、地面をシャベルや刷毛《はけ》を使って掘り出すように、である。

自分の意識の海深く、無意識の深度まで糸を垂れ、獲物がかかるのを待つ。手ごたえを待って、一気に引き上げる。狙いとかけ離れていれば、躊躇なく捨てる。釣り場は一箇所とは限らない。釣り人が移動するように、さまざまな切り口から「役」にアプローチする。

『アルジャーノンに花束を』の作家ダニエル・キイスに、『24人のビリー・ミリガン』というノンフィクションがある（堀内静子訳、ハヤカワ・ノンフィクション文庫、二〇一五年）。実在した解離性同一性障害（多重人格障害）の米国人男性を描いたものだ。ビリーは幼少期の実父の自殺や義父の身体的・性的虐待の影響で、自身の中に人格が複数生まれたとされている。

彼の障害が明るみに出たのは一九七七年、二二歳のビリーがオハイオ州立大学で三人の女性に対する強姦と強盗の容疑で逮捕されたことが発端だった。担当弁護士が彼の異常性に気づき、精神科医が調査した結果、彼はビリーという基本人格の他に、流暢《りゅうちょう》なアラビア語を読み書きできるアーサー、スラヴ訛《なま》りの英語を話す怪力のユーゴスラビア人レイゲン、苦痛によってただ泣くだけの八歳の少年デイヴィッド、レズビアンのアダラナなど、合計二三人の人格をもっていることがわかる。治療の結果、「教師」と名乗る二四人目の統合人格が現れ、精神医学者は「教師」がビリー本来の人格だと結論づける。

この物語には、「役」の人格を探し出す上で重要なヒントが隠されている。通常の人生であれば、複数の人格を抱えて過ごすことはない。大きな出来事がきっかけで「人が変わったようになる」ことはあっても、ビリーほど背景の違う多数の人格に変身することはない。けれども、どの人の無意識にも、ビリーと同様、別人格に育っていく可能性のあるパーツが豊富に眠っているのではないか。この事例は、そんな想像をかき立てる。ビリーの場合は、むごい痛苦の結果、独立性の高い二三人が生まれた。しかし、生まれも育ちも国籍も時代も年齢も、時には性別さえ違う人物が、一人の人間の無意識の海中で回遊している、あるいは無意識の地層に埋もれているとは考えられないだろうか。俳優が釣り上げ、掘り出そうとするものの正体は、そうしたパーツではないかと考えられる。

役者の獲得するものは、魚や化石などの具体物ではない。ある種の感覚だけだ。ならば、その感覚を吟味する能力は研ぎ澄ましておきたい。役作りとは、釣り上げたパーツを組み立て、自分とは別の人格の「魂」を形作る作業だ。魂と声と身体がしっかりつながっているかどうか。己とは別個の一個人を具現できているかどうかを精査するセンサーも必要だ（「実践編」の《ものまね》で詳述する）。

立派なマグロやめずらしい化石を手にするには、フィールドとなる海や地層に精通していたほうがいい。加えて、ある種の勘も必要である。名人と呼ばれる漁師や、天才と言われる化石ハンターのように、このあたりに目指す「役」がある、と見抜く能力だ。俳優の場合、精通すべき対象は「自分」である。「自分」という海や地層を詳細に知っておくこと。無意識の世界には入れないが、意識と無意識の境界で、魂と声と身体の関係を深いところまで探っていく。

再構成と調整

私たちは通常、相手の「声」や「身体」の表情やその変化を通して、他者の魂を想像する。しかし、私たちが受け取っているものはそれだけではない。その人の「言動」や「経歴」もある。声や身体に直接触れなくても、残された映像や書かれた文章、あるいは建築物や製品など、さまざまな産物や業績を通じて、人の魂に触れた気持ちになる。

一方、劇場ではもっぱら「声」と「身体」と「セリフの内容」から役の魂を感じ取る。登場人物の魂を客席に感じてもらうには、日常と同等か、それ以上のクオリティが求められる。われわれは生まれてから途方もない数の人と直接・間接に触れ合い、人の魂を認知できるようになる。役者は自己の

「魂」を基準にして、自ら造形する魂が舞台上で成立するかどうかを判断するのである。

(3)の「再構成」と「調整」の工程では、(2)で俳優が掘り出した材料を整える。共演者や演出家と協働で、素材を手直しするのだ。育ててきたイメージが他者の基準に照らしても成立するかどうかを問う。その上で着地点を決める。いわゆる《立ち稽古》である。

一般には、役の感情が基になって声や身体が組み立てられる、と思われている。しかし、現実の稽古場では、頻繁に逆の探し方も活用する。声や身体を材料にして、感情を追求していくのだ。たまたま俳優が試した調子外れの言い方や、ふざけ半分に生まれた所作が、芝居のコンセプトを変えることもある。何やら作劇の現場は真剣味に欠けるという印象を与えるかもしれない。しかし、俳優には無理にでも「遊び」、「戯れる」ことが求められる。観客を「びっくり」させるには、既成のものの捉え方や常識をひっくり返すことが求められる。ヒントがどこにあるのか、簡単にはわからない。役者自身、既成概念の中で暮らす一人の人間にすぎないのだ。それゆえ、稽古場で七転八倒し、命がけで“play”する。その中でステレオタイプな物の捉え方に風穴を開ける表現を探す。“play”には「遊び」と「演劇」の両義がある。「演戯」という言葉にも「戯」という字が入っている。西洋でも東洋でも、「遊戯」と「演技」は同根と考えられてきた。面白い芝居やドラマの背後には「遊び」に満ちた稽古場が控えているものだ。

この話は、稽古場だけでなく、家庭や学校や職場にもあてはまる。「感情」と「声」の関係のように、「『これ』が基になって、次に『それ』を行う」という思い込みを外すと、思いがけず視界が広がったり、新たな発見があったりする。「遊戯」は日常生活の「硬直化」を防ぐ精神の働きなのだ。

台本を扱う難しさはここまで。次章では演技に不可欠の「身体」、「声」、「感情」を掘り下げる。

第四章　身体の不思議

1　《二拍子》と《感情滑舌》

初めての体験

演劇の訓練との出会いは、私の想像を超えるものだった。

建物の中は薄暗い倉庫のようで、埃《ほこり》っぽく、黴《かび》臭い。足元はよく見えないが、床はコンクリで、ざらざらする。目線を上げると、一〇メートルほど先に明るい空間がある。その明かりで周囲がおぼろげに見える。

「こっちこっち」と暗がりに呼ばれ、粗末な椅子に並んで座らされた。私たちのあたりは暗く、視線の先にある無人の空間は明るい。照明は、私たちの椅子がある土間より三〇センチほど高くなった場所を照らしている。そこは薄汚れたカーキ色のベニヤの床だ。建物の壁はコンクリートブロックで、幅八メートルほど。ベニヤ部分の奥行きも同じくらい。壁は黒く、その空間を左右と奥から囲っている。

「じゃ、乗って」と私たちの前に立っているシルエットの男性が暗闇に告げると、数人の男女がばらばらとベニヤの床に出現した。暗闇にこれほどの人が潜んでいたとは気づかなかった。まちまちのTシャツにジャージで裸足。それぞれ適当な距離をとってしゃがむ。シルエットの男性が「はいっ」と手を叩く。全員が瞬時に正面を向いて、大の字に立って止まる。前を向いたまま微動だにしない。立つというより、堂々とした石像が突然現れたかのようだ。

自分とさほど年齢の違わないその人たちに強い意志のようなものを感じる。しかし、その正体はわからない。少し恐ろしい。シルエットの男性が何かを告げ、指摘された人が修正を行っているようだが、会話の意味はわからない。日本語だが文脈がつかめず、緊張感だけが伝わってくる。指摘を受けていない人は、正面を向いたまま止まっている。修正した人も、修正が終わると何事もなかったように身体を止め、視線を固定させる。「がたん」という声で人々は再びしゃがむ。「はいっ」。屹立《きつりつ》する人々。「がたん」。数回繰り返され、何かの訓練だと理解した。

シルエットの男性が、しゃがんだ人々に、ぼそっと何かを告げたあと、「喜びで……はいっ」。舞台上の男女はいっせいに、めいめいのポーズをとる。片足を上げ、上半身を横に傾かせている人、のけぞって両足と片手を地面につけた人、瞑想するブッダのようにあぐらをかいた人など。今度は大の字ではない。いろいろな姿、別々の身体だ。何が起こったのかわからないが、共通しているのは、それらが写真を切り取ったように止まっていること。おそらくは喜びの表現なのだ。といって、通常見かけるうれしそうな顔は少なく、いびつに変形し、喜びというよりは怒りや恨みの表情が多い。

カワイイ感じの女性が、口を横に広げ、こちらに目を剝《む》き、片腕をひねって斜めに上げ、開脚して腰を落としたポーズになっている。見てはいけないものを見てしまった気持ちになる。彼女が街でこんな姿勢をとったら騒ぎになるだろう。……足を踏み入れてはいけなかったのではないか。冷や汗が出る。

一方で、何か大切な秘密が潜んでいる空間にも思える。善悪を決められない何か。聳《そび》え立つ身体と射るような視線、ふざけたようなポーズと歪《ゆが》んだ表情を生み出す何か。こんなにも人々が集中し、緊張し、取り組んでいる何か。謎の存在に強く惹かれる。

＊

数日後、新入りである自分たちの番がやって来る。半分のメンバーが前半チームとしてカーキ色の舞台に乗る。照明にあたると、思っていたよりまぶしく、後半チームが眺めているあたりは見えない。例のシルエットの男性が下で声を出す。逆光ながら顔がぼんやりと見える。やさしそうな顔つきだ。

先日の見様見真似でそれぞれ適当な間隔をとって、しゃがむ。シルエットの男性から位置取りに細かい指示が飛ぶ。「キミはもう少し前、あなたはこっち……もっと。むらにならないように」。

大の字で立つ訓練からだ。《平行》と呼ぶらしい。「はいっ」という号令。正面で聞くと大きな声だ。飛び上がって大の字になる。身体がどうなっているのか、想像が及ばない。必死で自分の信じる大の字になる。男性は舞台に上がり、私たちに直接触れつつ形を直していく。自分の身体のような気がしない。

「見てごらん」と言われ、自分の身体を見ると、なるほど指摘されたように、ひじがねじれている。背中が曲がり、足の幅も広すぎる。しかし、なぜそれが問題なのか。修正され、矯正される身体。強烈な無力感がよぎる。こんなに無防備に照明で全身をさらされ、暗闇から誰かに見られているという感覚は初めてだ。

「がたん」。夢中でしゃがむ。「はいっ」。身体の形を意識して皆どたどたと大の字になる。「遅いっ、がたん」、「はいっ……右腕が高い、あご引いて、目線前」、「がたん、ぐずぐずしない」。合図に遅れまいと、号令の前に立ってしまった。フライングだ。下の連中は笑っているが、格好をつけている余裕はない。

「じゃ、二拍子」。指定された感情に沿ったポーズを作って、止まる。それが《二拍子》だ。先日、カワイイ女性の先輩に幻滅を感じたあれだ。しゃがんで待つ。

「喜びから。ポーズを作る前に喜びを準備して」。どうやって？　そもそも準備可能なのか？　「はいっ」。やみくもに形を作る。どんな形になっているのか、把握できない。ポーズは一瞬で作る。作ったら止まれ、と言われている。自分自身、「喜び」から程遠いところにいる。居心地が悪い。人前で真っ裸にされ、精神的な拷問を受けているようだ。

「止まって」。おそらく動いているのだ。動いていても、それは自分の意思ではない。身体を見ると、ただ突っ立って、両手はグー、ひじを左右対称に少し上に曲げている。「動かないっ」。また声がする。「がたん」。しゃがむ。「別のポーズ」。何も思い浮かばない。先輩たちは次々と違う形を作っていたが、自分でやる段になると無茶だ。「はいっ」。なるようになれ、と作るが、別の身体になっていない。今後こんな訓練を続けるのか。苦痛と不快はいつか克服できるのか。想起する疑問や感情と、身体が置かれている環境のちぐはぐさ。「喜び」に向かう気持ちは、とうに消えている。

身体感覚

以上は大学で初めて《平行》と《二拍子》の基礎訓練に触れた時の記憶だ。三五年も前だが、鮮明に覚えている。私にとって、演劇との出会いは大きな衝撃と不快感をともなうものだった。演劇に近づこうとするすべての人が同じ経験をする必要などない。ただ、あの時のインパクトは無駄ではなかった。それまで想像すらしていなかった視点が演劇活動には必要不可欠なのだ、とショック療法的に教えられたからだ。

それは「身体を内側から見つめる視線」のこと。《平行》と呼ぶ訓練に端的に見て取れる。《平行》は「大の字」で立つ。レオナルド・ダ・ヴィンチの《ウィトルウィウス的人体図》のように両腕を横一直線にし、両足を広げる。両腕が地面と「平行」になるので、この名がある。

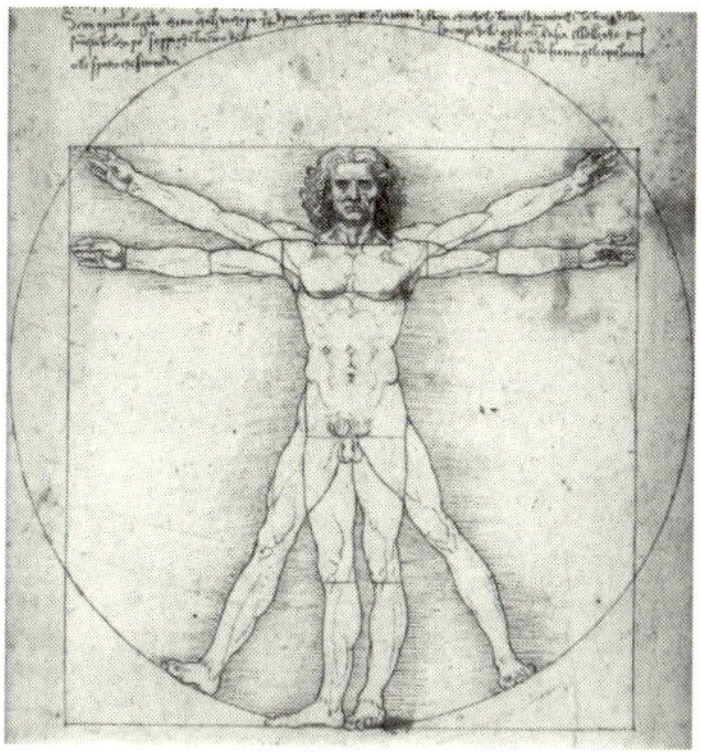

ダ・ヴィンチ《ウィトルウィウス的人体図》

手のひらを下に向け、両腕を肩の高さで伸ばし、床と平行にする。たったこれだけのことが、思いのほかできない。俳優は舞台上で自分の身体がどういう形になっているのかを、つまり観客からどう見えているのかを把握する必要がある。そうでないと、姿形に責任がもてない。役者にとって「見た目」は、青果商の野菜、鮮魚商の魚と同様、商品であり、サービスそのものだ。見た目とは、スタイルや衣装などの外見ばかりではない。どのような姿勢をとり、どのような身体の形になっているのかということを含んでいる。

鏡を見れば、《平行》ポーズを正確にとることは可能だ。しかし、本番中、舞台上に鏡はない。あっても、いちいち確認などできない。「身体を内側から見つめる視線」が必要なのは、そういうわけだ。腕が上がったり下がったり、両肩の高さが違ったり、手のひらや腕が肩より前や後ろに行ったり、ひじが曲がったり、指が揃わなかったり、ときりがない。イメージした場所に身体の各部位を狙いどおり正確な状態で置くことができるか。それをチェックし、「身体を内側から見つめる視線」を養う。稽古が進むと、ひざがどこにあるか、開脚が四五度になっているかを意識し始め、外から見なくても徐々に位置がつかめるようになる。

背筋、あご、目線、と意識できる範囲を広げていく。正面を向いている目は、対象を「見る」と眼球が動く。見ているものを明確にせず、視線を正面に「置く」。電車で外の景色を見ていると、眼球は無意識に左右に動いている。窓の枠に焦点を合わせると、風景はぼやけるが、目は動かなくなる。

「身体を内側から見つめる視線」の獲得は、身体感覚の鍛錬になる。

「身体感覚」という言葉は耳慣れないかもしれない。身体に関わる感覚や能力の呼称だ。料理で言えば、まず「味覚」である。また、料理を思い描いた味に近づける調理能力も含む。味覚と、その味に到達できる能力は別だ。その両方を指す言葉である。調理を行う上で味覚は必須。味覚の信用できないカリスマ・シェフや花板などいない。同じように、身体感覚の鈍《にぶ》い第一級の俳優やダンサーもいない。味覚が鋭いだけでは料理にならない。献立を考え、材料を選び、適切な調理方法を決定し、実際に調理して客に配膳する能力があって、料理人と呼ばれる。

「身体を内側から見つめる視線」は、いわば「味覚」だ。広げ深めることで、身体感覚は研ぎ澄まされる。自分の客観的な姿が見えるだけでなく、身体の内部で起こっていることにも敏感になる。自分の動きや姿勢のまずい部分を修正できるし、他者の身体を深く「読み取る」こともできるようになる。

一方、「調理能力」は、いわば演技をし、芝居を作る手腕だ。前述の「台本の解釈」や《二拍子》などの基礎訓練、そして続く「基礎編」、「実践編」で紹介する稽古方法を通じて能力を磨いていく。

わが国の観客は、演劇やダンスなどの舞台芸術に触れる際、「『身体感覚』が不可欠である」という認識をほとんどもっていない。調理の達人には及ばなくても、食べる人が味覚を鋭敏に働かせているからこそ、料理人との間によい意味での緊張感が生まれる。身体感覚にうるさい客席があって初めて、ハイレベルな演技が実現する。

《二拍子》という訓練

稽古場で《平行》に続いて見たのが《二拍子》だ。両者とも、専門家養成の訓練である。舞台のリテラシーを向上したいからといって、万人に必要な訓練ではない。だが、専門家が表現者の身体を獲得していく過程を追うことは、自分の身体を捉える上で、演劇に縁のない人にも参考になると思う。

号令で「あるポーズ」を作る。——それが《二拍子》だ。ポーズと、しゃがんだ「脱力」の状態を行き来するので、この呼称がある。

メンバーは舞台上に均等にちらばる。実はこれが簡単ではない。けれども、この感覚がないと、舞台上の人々は知らず知らずにむらになる。空間のバランスが悪い。それぞれが同じような距離でちらばる感覚には、空間把握力や美学が必要だ。出演者が均等であれば、舞台には安定感が生まれる。偏《かたよ》っていれば、観客に不安定な、またはある種の変化を予感させる。それを意識的に行っていくために、この感覚は必要なのだ。また、一人だけがこの感覚をつかんでいても意味がない。全体が認識して、舞台はようやく機能する。

合図とともに瞬時に作るポーズは「喜」、「怒」、「哀」、「楽」、他に「恐ろしい」、「愛しい」、「憎い」、「恥ずかしい」といった感情に沿うもので、そのたびに指示される。各人のポーズは、まちまちになる。たとえば「喜」が指定された場合、俳優は強い喜びの感情を想起しつつ、ポーズを作る。すぐには崩さず、数秒から十数秒、次の合図まで静止する。身体は止まっているが、気持ちは落とさない。車に喩えれば、アイドリングの状態だ。感情のエンジンを切らない。——そのようなポーズを次々と作る。同じ姿勢は繰り返さない。

もちろん、はじめはうまくいかない。感情と身体、両方のコントロールができないし、恥ずかしさや得体の知れない恐ろしさも手伝って困惑する。初心者には無理な注文だ。ポーズ前の「脱力」状態で「喜」の感情を準備するように言われて私がうろたえたのは、それまで強引に感情を用意したことなどなかったからだ。「感情を支度すること」と「それに沿った身体を作ること」という未経験の課題を同時に与えられて、まごついたのである。

そこで、初期段階ではヒントをもらってポーズを作る。初心者の混乱は、まずどんな喜びを用意すればよいのか見当がつかない点にある。手がかりになる感情や状況を指定し、身体を作ることに集中できるようにする。

「喜」であれば「懐かしい友人に出会った」、「目の前においしいケーキがある」、「試合で強敵を下した」といった状況が指定され、それにかなった身体や声を作る。

身体を具体的に指定するケースもある。「右耳が床についている」、「身体の中で左足のつま先がいちばん高い位置にある」、「頭と右の手のひらが最も離れている」。感情をきっかけにしているとなかなか出てこないポーズが生まれる。その身体で喜び、声を出す。身体には新鮮だ。結果として、発想の選択肢が広がる。

さらに、たとえば「自分は金属である」、「牛になってみる」、「おへそから蛇が滑り出る」など、日常体験しない抽象的なヒントもある。新奇な状況の感情を想像することで、初々しい身体を発見できる。自分を無意識に縛っている固定観念から解き放たれて、頭をほぐす訓練にもなる。

訓練の初期、私は号令のままに《平行》を作ったり《二拍子》の感情を指定されたりすることに抵抗を感じていた。動物の調教のようで不快だった。しかし、程なく、そんな抵抗感はつまらないものだと思うようになった。舞台上の俳優の身体は自分のものではない。それは客席に奉仕する道具に徹するべきモノなのだ。この訓練では「自分を外側から眺める視線」も育つ。「身体を内側から見つめる視線」をミクロの視線とすれば、こちらはマクロな視線である。

役者には自分の身体を「素材」として突き放す感覚が求められる。自意識という一般社会ではある程度尊重されているものの相当部分を放り出さなければならない。舞台上で臆面もなく大声をあげ、涙や汗を撒《ま》き散らし、時には裸体をさらすのだ。そして、思いきりがよく、真に迫っているほど評価される。

感情の指定も納得できる。本番で俳優が「素」の感情を表現することはまずない。演出家や戯曲の要請に沿う形で「素」とは違う感情を用意する。戯曲の解釈は自分で進めるが、感情を決めたからといって実現できるとは限らない。自ら決めようが、他人から指示されようが、要望に応えるのは、つまるところ自分の身体なのだ。

《感情滑舌》という訓練

《二拍子》では、主に「感情」と「身体」の関係に注目した。これから紹介する《感情滑舌》では「感情」と「声」の関連を検分する。

メンバーは扇形に座り、「扇の要《かなめ》」の位置にインストラクターが座る。全員と対面している状態だ。各人とインストラクターは三メートルくらい離れる。

「基礎編」で触れるが、発声訓練の一環で「滑舌」と呼ばれる早口言葉を暗唱する。それぞれ文章一つか二つと短いものだ。まず同じ滑舌をメンバーが順番に「扇の要」をめがけて発語する。息継ぎはしない。慣れてきたら、息を使いきる。つまり、発声し終わった時に息が余らないようにする。また、同じ滑舌を二回、三回と一息で言う。息継ぎせず、声が小さくならないように注意する。

次に、少し強めの感情を込める。身体と同様、人間は強い感情に襲われると滑舌がコントロールしにくくなる。なめらかにしゃべれなくなるのだ。ところが、舞台に登場する人たちは頻繁に激情に駆られる存在だ。登場人物が激怒しつつ長めのセリフを発するのを舞台や映像で見かけるが、それには相応の訓練を要する。《二拍子》や《感情滑舌》は「ハイテンションにおける身体感覚と滑舌のコントロール」の実現のために行われる。

「地上のすべてを破壊し尽くすほどの怒り」、「胸をかきむしられるような後悔」、「いてもたってもいられない喜び」、「血液が逆流するような恐怖」などの激しい感情で滑舌を試す。感情は自発的でも、指定されてもいい。「怒り」であれば、感情を想定しつつ、一つの滑舌を繰り返す。感情をぶつける先は「扇の要」だ。激しい声はすぐには現れない。強い怒りで滑舌が滞《とどこお》る。逆に滑舌に気をとられると感情が留守になる。憤怒と滑舌が両立するように能力を高めていく。

同じ滑舌を繰り返すので、息継ぎはしてかまわない。感情が高まるにつれ、身体が勝手に動き出す。それも問題ない。むしろ、もっと動いて最終的には「暴れまわる」ように促す。その場合、発語の目標は「扇の要」でなくてもよい。

怒りの度合いを増して滑舌を反復すると、あるレベルまで行くものの、それ以上感情が上げられなくなる。この膠着《こうちゃく》状態を打開するいくつかの方法がある。

一つは、テンポを変えること。一定の速度で発語しているから膠着する。一つの滑舌に一〇秒かかっているなら、もっとゆっくり、あるいはもっと早く出すよう示唆する。

声の高さを変え、息継ぎのタイミングをずらすように伝えることもある。テンポも、声の高さも、息継ぎの間隔も、いわば発声上の「癖」だ。それが感情を高める上で阻害要因になっている（「癖」については次節で触れる）。

他の仲間複数人で、滑舌を行うメンバーの両腕両足、胴体や頭を押さえ、「暴れようにも暴れられない」状態を作る方法もある。そうして強い感情で滑舌を言う。はじめから強く固定すると感情を高めにくいので、本人がいよいよ暴れ出しそうなタイミングで押さえる。うまくいくと、自由に動きまわっていた時より強力で大きな情感が出てくる。動きを止められることで、自分で暴れていた時よりも身体はさらに強力に「暴れる」妄想を抱くことができるのである。

2　意味と効用

「癖」の発見

こうしたトレーニングから浮かび上がる身体感覚とは、どのようなものだろうか。

《二拍子》では、はじめのうちは両腕両足を左右対称に開くか、閉じたポーズになる。左右対称が間違っているわけではない。けれども、表現としては稚拙だ。たとえば「きのう山にのぼりました。頂上でともだちとお弁当をたべました。おいしかったです」という小学生の作文があったとする。悪い文章ではない。嘘の内容でもない。ただ、幼稚な印象は拭えない。登場人物の年齢に応じた、複雑な心の内側を反映できる身体を探し出したい。

同様に頻出するのは「腰の高さが変わらない」というもの。どのポーズでもほぼ同じ位置に腰が来る。「基礎編」の「身体の発掘」で触れるが、人間は生まれた時には「左右対称」か「左右点対称」の動きしかできない。その後のしつけや教育で「非対称」な動作が長い時間をかけてできるようになる。ここでも訓練をしないと、複雑な心象風景を映し出す敏感で繊細な身体は生まれない。専門的には「左右対称」も「腰の高さ」も、身体を「素材」として見つめたことがない結果、と捉えられる。

左右対称にならないようにしよう、腰の高さを毎回変えよう、と意識し始めると、多くの場合、感情が弱くなる。身体に注意が向き、強い感情を想定する作業が疎《おろそ》かになる。「身体への意識」と「強い感情の保持」は身体表現では車の両輪であり、どちらかに偏ると前進しない。身体と感情を両立させるために訓練が必要なのである。

《二拍子》で重要なのは「癖」の発見だ。身体は、強い感情に支配されると、癖が出やすい。「左右対称」、「腰の高さ」も癖だし、それを克服できても各人の癖は次々と見つかる。「上体が前傾しやすい」、「腕が後ろにまわることが多い」、「目が上を向きがち」、「よく内股になる」など、傾向はそれぞれだ。

《二拍子》ではポーズを止める。癖を見つけ出す上では都合がいい。癖の要因を探ると、たいていは幼少期からの生活習慣や、打ち込んだクラブ活動などで身体になじんだ動きにある。「なくて七癖」と言われるように、癖は無意識のうちに蓄積されている。自分で気づくのは難しい。インストラクターや仲間に指摘されて、ようやく自覚する。自覚しないと癖は抜けない。

《感情滑舌》でも、感情が高まったところで「動いて」と指示すると、多くの人は走りまわる。舞台では「移動」と「動き」を区別する。「移動」は身体の位置が移ること。「動き」はその場の動作と考える。「暴れる」際には「移動」せず、身体を「動かして」もらったほうが、本人の癖を見る上では都合がよい。次のような指摘が出る――「両腕を上下させているだけ」、「むやみに地面を叩きすぎ」、「ほぼ転がっている」。《二拍子》と同様、個々の癖が見つかる。それを本人に伝え、自覚してもらう。癖を抑えて、他の動きを取り入れる。

では、癖の何が難点なのか。時間をかけて癖探しを行う理由は何か。それを述べる前に、もう一つ気になる事象に触れておきたい。

「個人史」

私が「個人史」と名づけている一群の演技がある。きっかけは、海外の劇場で『ガラスの動物園』(小田島雄志訳、新潮文庫、一九八八年)を見た時だった。『ガラスの動物園』は、アメリカの代表的な

テネシー・ウィリアムズ

劇作家テネシー・ウィリアムズの手がけた戯曲だ。作者の自伝的要素が色濃く反映した名作で、出世作でもある。

——舞台は一九三〇年代のセント・ルイス。登場人物は四人。ウィングフィールド家の女主人「アマンダ」とその娘「ローラ」、その弟「トム」と、後半にこの家を訪れる青年紳士「ジム」である。アマンダの夫で姉弟の父は「だいぶ前に家を飛び出して行った」まま行方知れずだ。物語は父のあとを追うように商船員となったトムの追憶として語られる。

「個人史」を感じたのは、前半のトムとアマンダが口論する場面だった。トムは靴会社の倉庫というスリルのない職場に縛りつけられている自分の境遇に苛立《いらだ》ちを感じている。母はそれを知りつつも、家計と彼の将来が心配だ。鬱屈から逃れるためにトムが借りたローレンスの小説を、彼女は勝手に図書館に返したり、映画ばかり見ている彼を「正気でない」と咎《とが》めたりする。トムは我慢できなくなる。

この言い争いで、トム役の俳優は泣き叫ぶようにセリフを吐いていた。戯曲に指定はないが、選択は悪くない。しかし、不十分だった。アマチュアの発表会なら「せいいっぱい」は美点だ。けれども、プロはそれを客席に気取られただけで稚拙である。「せいいっぱい走塁するプロ野球選手」、「せいいっぱい正確なパスを狙うプロサッカーの選手」という表現がナンセンスであるように、「せいいっぱい」は前提の上で、結果が出せるかどうかが問われる。もしくは結果に向けての集中力が評価される。そして、その日はプロの公演だった。

この場合、求められる結果は、舞台上にこの世にはいないはずのトムが見えるかどうか、である。トム役に求められる心理的な葛藤の把握が十分でない可能性もあるし、気持ちはわかっているけれど表現力が追いつかないこともある。私は他の登場人物の演技から見て、後者だろうと判断した。表現力の問題なのだ。

トムの感情は複雑だ。彼は母親と姉を心の底から愛している。だからこそ、家計のために、魅力に乏しい仕事に耐えている。また、同時に二人は自由な冒険を願う彼を束縛する煩わしい存在でもある。家を捨てた父親の無責任を恨む一方で、そんな生き方に憧れてもいる。「活躍したい」というたぎるような焦《あせ》りの裏で、不本意な現状を打開できない。時代や社会や家庭環境を言い訳にしても、苦境を抜け出せない自分の無力は明白であり、それに強い情けなさと怒りを感じている。破裂しそうな若い血潮が、トムの中でぎりぎりのバランスを保っている。ちょっとしたきっかけで暴発しかねない。そんな中、親心と理解しつつも自分をいつまでも子供扱いする母親のお節介に、トムは叫ぶ。

母さんはね、ぼくがあの倉庫に首ったけだとでも思ってるのかい？　ぼくがコンチネンタル靴会社に惚れてるとでも思うのかい？　ぼくが人生の五十五年間を、あんな――セロテックス張りの！　――蛍光灯の！　――穴倉ですごしたがってるとでも？　いいかい！　ぼくはいっそだれかがかなてこ振りあげてこの脳天たたき割ってくれたらって思ってるんだぜ――毎朝あんなところへ行くぐらいなら！（第一部第三場）

演技は悲しそうで腹立たしげではあった。けれども、彼にはわかっていなかったのだ。トム役の俳優が表現しなければならないのは、単に一九三〇年代のセント・ルイスの片隅で怒りを爆発させる若者ではない。その設定を借りてはいるが、彼が目指すべきなのは、より普遍的な青年全般の憤怒なのだ。時代や地域を超え、自分の力を発揮できずに、あるいはどうすれば発揮できるのかわからずに悶々としている、すべての若者の焦燥を代弁する必要がある。表現しきれないまでも、そこに狙いを定めるべきだったのだ。

スポーツと同様、演技も狙いどおりにいくこともあるが、あてが外れることも多い。しかし、「狙って」うまくいかないのと「狙っていない」のとでは、大きな違いがある。人間の身体はそうできている。

こんな実験がある。両足を開いて立ち、首や身体をひねって思いきり右側を向く。向ききったところで、その視界を記憶する。次に両腕を広げ、手首を曲げて右手を立て、首を右に向けて、右手の中指を見ながら、首と身体をひねって右側を向く。こちらのほうが視界が右に広がる。右手の中指という目標を設定することで、首だけでなく、身体のすべての部位が振り向くために有機的に動員されるのだ。「狙って」いるのと「狙っていない」のとでは、結果に大きな差が出る。

観客は必ずしも演技ばかりを見ているのではない。その俳優が照準を合わせているイメージも同時に見ている。「若者全般に共通する魂の叫び」の演技に期待があるから、当時のセント・ルイスも、コンチネンタル靴会社も、アメリカ人であることも、父や姉の特殊な事情も、多くの観客には不案内でありながら、この作品や登場人物たちに共鳴するのだ。上演する意味も、そこにある。

彼の「泣き叫び」は、私の共感を呼ぶものではなかった。彼の選択肢の範囲内では、この時のトムに最も近い悲しみや怒りではあったのだろう。しかし、彼の表現の引き出しには、彼個人の経験しか用意されていなかった。彼は今までの体験の中でトムの心情に最も近い状態で「泣き叫んでいた」にすぎない。青年期の普遍的な姿からは程遠い。それが彼自身の貧相な「個人史」を露呈する結果を招いた。この手の演技を「個人史」と名づけたのには、そんないきさつがある。改めて見まわせば、「個人史」的演技は私たちのまわりにあふれている。

「いそうな人」と「いそうでない人」

「個人史」はどこに問題があるのか。「個人史」も「癖」も、まつわる問題は同根である。「個人史」は個人の実体験だけを選択肢として役作りをする。一方、身体にしみついた「癖」も、個人的体験、体質に起因する。では、「個人史」と「癖」から生じる不都合とは何だろうか。

まず「個人史」や「癖」で俳優の身体が縛られる。その結果、選択肢は乏しくなり、演技の幅も狭くなる。どんな役をやっても代わり映えしない。どこかで見たような芝居になる。身体も演技も退屈で飽きられる。観客に「演技というものはつまらない」という誤解さえ与えかねない。

「個人史」や「癖」の演技は、表現者として抱くべき恐れを手にできない、という問題もある。役に対する謙虚さが欠けているのだ。演じるのは自身ではない。役への真摯な配慮があれば、ふだんのようにふるまうだけでは演技とは呼べない、と恐れをもつだろう。それが、より高い水準の演技を模索するモチベーションになる。恐れを前提としない演技は進歩しない。声や身体の基礎訓練は「今までの自分」から脱出するためにある。《平行》も《二拍子》も「個人史」や「癖」から自由になるトレーニングなのだ。

芝居の登場人物には「いそうな人」と「いそうでない人」がいる。判断基準は人によって違うだろ

チェーホフ

う。私には、先ほどのトムは「いそうな人」に思える。つまり、私と親しい人が登場人物と同じような苦悩を抱えていても、奇異に感じない。また、アントン・チェーホフの作品の登場人物は、皆「いそうな人」たちに見える。たとえば『かもめ』(神西清訳、新潮文庫、一九六七年)の主人公にトレープレフとニーナがいる。

——芸術家を志す若者トレープレフは、若い娘ニーナに恋心を寄せている。ニーナは売れっ子の作家トリゴーリンに恋をし、作家もそれに応えようとする。トリゴーリンは、トレープレフの母で有名な女優アルカージナの愛人だ。ニーナはモスクワにいるトリゴーリンのもとに走る。二年後、ニーナは帰郷する。噂では、トリゴーリンとは破局を迎えている。「トリゴーリンといっしょになり」、「赤んぼができる。その子が死ぬ。トリゴーリンはあの人〔ニーナ〕に飽きて、もとのキズナへ帰ってゆく」。一方、トレープレフはこの間に売れっ子の作家になりつつある。彼の部屋を訪ねたニーナは、隣部屋でトランプに興じるトリゴーリンの声を耳にし、ドアの鍵穴から覗く。「あの人も来ている……ふん、そう」。二人の関係はすでに清算されたという印象を与えるが、その後、独り言に近い長い言葉を口にするうち、万感胸に迫り、

わたし、あの人が好き。前よりももっと愛しているくらい。〔中略〕好きだわ、愛してるわ、やるせないほど愛してるわ。(第四幕)

と真情を吐露する。思いきれない若い娘の恋慕は、私たちのまわりでもめずらしくない。また、かつて恋心を抱いた相手にいつまでも思い惑う若い男性の未練というのもありふれたものだ。外見は無関心を装いながら本心ではニーナを慕い続けていたトレープレフは、彼女が去ったあと、絶望してピストル自殺する。

一方、シェイクスピアの四大悲劇やギリシア悲劇に出てくる主要な登場人物は「いそうでない人」たちだと感じられる。たとえば、ギリシア悲劇『メデイア』の王女メデイア。エウリピデスの傑作だ。

――メデイアは、黒海東端の蛮地コルキスの王女である。彼女はコルキスにやって来たテッサリアのイオルコスの前王の子イアソンに恋をし、金毛羊皮の奪取を助ける。金毛羊皮はギリシア神話に出てくる宝物で、人間の言葉を話し、空を飛ぶ金毛の雄羊の皮である。

金毛羊皮を取得させるため、メデイアは実の弟を殺す。仲間を裏切り、故国を捨て、彼とともにコリントスに亡命する。二人の子をもうけるが、イアソンは次第に蛮族出身の彼女を厭《いと》うようになり、コリントスの王クレオンの娘クレウサ姫と結婚するためにメデイアを捨てる。彼女は復讐のため、花嫁とその父を魔法で殺す。イアソンをさらに苦しめるため、子供たちも殺し、その死骸を腕に抱いて、竜に引かせた車に乗ってアテナイに逃亡する。

メデイアのような激しく強い憂慮をもつ人間は、私の身近にはいない。たとえ実在していたとしても近寄りたいとは思わない。

「個人史」の問題は「いそうな人」を演じる時は目立ちにくい。しかし、「いそうでない人」に取り組んだ途端、綻《ほころ》びを見せる。内面の引き出しに「いそうでない人」はいないからだ。「個人史」俳優にとっての役作りは「いそうな人」を自分の記憶の中から検索することなので、「いそうでない人」には歯が立たない。「いそうでない人」を演じるためには、日頃から「ありそうもない状況」や「とんでもない出来事」のシミュレーションを行い、想像力を養って、イメージを広げておくことが欠かせない。

リアリズムとリアリティ

トムの話に戻ろう。現在の生活が思いどおりにならず、いずれ何か価値のある重要な仕事がしたいとあがいている若者は、私のまわりでもよく見かける。セント・ルイスの片隅で泣き叫ぶ若人なら「個人史」で事足りる。けれども、それに普遍性を与えるには、いわば「トムの権化」を探さなければならない。活躍の場を見出せずに苦悶する若者全般に共通する要素を純粋に取り出す必要がある。その純化のために、俳優の内部には数多くのフィルターがある。夾雑物《きょうざつぶつ》が入って普遍性を失うのを防ぐためだ。訓練を通じて蓄積するノウハウは、このフィルターの数々である。普遍性を失うと、観客への浸透力は弱くなり、魅力が低減する。とはいえ、演技は生々しい人間の行為だ。数学や物理学のように純粋なものは抽出できない。どんなに純粋な「権化」を造形しても、俳優個人の痕跡は消せないのである。

その痕跡を私は「個性」と呼ぶ。「個人史」を克服し、「癖」を取り去って種々のフィルターに濾過《ろか》されても、個的に残った特徴は立派な個性である。「個性」と「癖」の違いは、そこにある。大切なのは「純粋なトム」を狙い、そのイメージに限りなく近づくことだ。

　ロシアの演出家でモスクワ芸術座を創設したコンスタンチン・スタニスラフスキーの科学的な俳優養成法は「スタニスラフスキー・システム」と呼ばれる。スタニスラフスキーは、この世にいないはずの登場人物が舞台上に存在する、という演技を実現する方法を確立した。それまで役者が各々行っていた役作りを一般理論化したのだ。彼の考え方は広く支持され、世界中に普及した。アメリカの映画監督エリア・カザンらによってニューヨークに設立された俳優養成機関「アクターズ・スタジオ」の指導はスタニスラフスキー・システムを基調としており、マーロン・ブランド、ジェームス・ディーン、ダスティン・ホフマン、ロバート・デ・ニーロ、アル・パチーノなど、錚々《そうそう》たるスターを輩出している。

スタニスラフスキー

　わが国にもスタニスラフスキー・システムは移入されているが、必ずしも正しい理解がなされているわけではない。スタニスラフスキー・システムや、アクターズ・スタジオが確立・体系化した「メソッド演技法」は、一言で言えば「いそうな人」を描くための方法論だと誤解されている。これらのシステムの目指すところは右で見た「役の権化」である。スタニスラフスキーは、チェーホフ戯曲の演出を通じてシステムを完成に近づけた。先ほど「チェーホフの作品の登場人物は、皆『いそうな人』たちに見える」と述べたが、チェーホフやスタニスラフスキーが目指したのは、舞台上に「いそうな人」を造形することではなく、「いそうな人」の抽象的な特質を具体的な姿として創造することだった。

「リアリズム演劇」とも呼ばれるチェーホフやスタニスラフス

キーの目指した演劇は、「リアリズム＝写実」という言葉のためか、日常の生活や会話を「そのまま」再現することだと思われている。あえて区別すれば、「そのまま」再現する演技は「ナチュラリズム」と呼ぶことができるだろう。日本では「リアリズム」と「ナチュラリズム」が混同されている。これまでの話との関連で言えば、「個人史」が「ナチュラリズム」ということになる。

また、「リアリズム」と「リアリティ」は違う。リアリズムは演劇や文学では写実主義のことで、現実をそのまま表現する手法だ。演技で言えば、テレビや映画でよく目にする様式である。そこに描かれる人物が本当にそこにいて、その出来事は実際に起きた、と観客が信じられる空間を作る。

一方、リアリティは、「現実。実在。実在性。迫真性」（『広辞苑』）、「現実感。真実性。迫真性」（『大辞泉』）のことで、「リアリティがある」とは「観客が舞台上の世界を信じられる」ことである。

わざわざ述べているのは、日本の伝統演劇、すなわち能・狂言や人形浄瑠璃や歌舞伎はリアリズムではないからだ。それら芸能の非日常的な動きや発声の中に、私たちの先祖は現実や真実を読み取ってきた。リアリズムではないが、リアリティを感じることができたのだ。日本人は、リアリズムでないものにリアリティを感じる特異な感性を長いこと育《はぐく》んできた、世界でも稀有《けう》な民族である。

「リアリティがある」ことで、見ている人々はその世界に感情移入し、共感し、騙《だま》される。つまり、観客は舞台の世界に感情的に同化する。それが古代ギリシアの哲学者アリストテレス以来、ヨーロッパ演劇が伝統的に目指してきた舞台上の効果である。二〇世紀ドイツを代表する劇作家・演出家であるベルトルト・ブレヒトは、それに異を唱え、観客が無批判に舞台に同化するのを避けるために「異化効果」を案出した。演劇がもつ社会変革の役割に注目し、観客が判定し、評価できる観察を可能にする舞台を企図した。そこでは歌や踊りや映像やプラカードを使い、俳優が役を離れて自らの役を批判する手法をとる。舞台上で「これはただのお芝居にすぎない。ここはしょせん劇場の舞台でしかない」と主張してみせるのである。とはいえ、人間は舞台との同化を控えることはできない。異化効果で同化が一部妨げられ、舞台と観客のやり取りは多面的で重層的になる。

わが国の伝統芸能は、リアリズムとは距離のある発展を遂げた。能では、女性役も男性が演じ、面《おもて》が顔よりも小さい上に、男性にしか出せないような声で謡《うた》う。女性役でありながら、演じ手が男性であることをあえて隠さない。文楽では、役の声が人形ではなく太夫《たゆう》のほうから聞こえ、人形のすぐ脇には主遣《おもづか》いが頭巾もせず、素顔で人形を遣っている。歌舞伎にはリアリズムに近い演技もあるが、見得を切り、六方《ろっぽう》を踏む誇張した様式がふんだんにある。わが国の芸能は、その出発点から異化効果を包含していたとも言えるだろう。

「身体全体がつながっている感覚」

身体への意識を高めていくと、「身体全体がつながっている感覚」がつかめる。日頃ほとんど感じることはないが、私たちは「身体全体がつながっている感覚」の中で生きている。知覚しないのは、それが「当たり前すぎる」からだ。ところが、ひとたび身体に傷を負ったり、慣れない雰囲気の場所に足を踏み入れたり、想像もしなかった事態に直面したりすると、その存在に気づく。ある種の違和感が生じ、「身体全体がつながっている感覚」が崩れるからだ。

たとえば、足の小指にケガをしたとする。身体の末端の傷だと高をくくっていたのに、立つにも座るにも、歩くにも階段の昇降にも、思いのほか痛みが走る。こうした経験は誰にでもある。足の小指は日頃それだけ無意識に、いろいろな動作のために機能していたのだと思い知る。しかし、時間が経過して傷の痛みに慣れると、足の小指をかばって動けるようになり、私たちは「身体全体がつながっている感覚」を取り戻す。傷が癒える頃には、その感覚は「当たり前すぎる」状態に戻っている。

これは自分の、日常の「身体全体がつながっている感覚」である。訓練によって俳優が手にする「身体全体がつながっている感覚」は、他者の、そして非日常の「身体全体がつながっている感覚」である。その感覚をもっているからこそ、凄《すご》みのある演技が可能になる。

俳優は「この世にない魂」を演じる。それは自分ではない。他者だ。それを成形していく上で、俳優は周囲もしくは偶然触れることのできた他者を観察し、材料にする。観察して得た他者の違和感を手がかりにするのだ。いい俳優は、他者に接した際、自分とは違う、しっくりこないところを敏感に感じ取る。一般人である私たちも、他者と出会い、違和感も含めた何らかの印象をもつことはめずらしくない。「やさしそうだな」とか「イライラしているな」といったイメージだ。経験や環境にもよるが、その感触はかなり漠然としている。一方、俳優は他者の違和感を具体的に嗅ぎ取る。身体や声ばかりでなく、動きやしゃべり方の癖、さらにはその人の感じ方や考え方のパターンまで、ある程度の予測がつく。創作現場では、蓄積したそのような違和感を総合して、別人格を再構成する。その「身体全体がつながっている感覚」がどういう状態なのかを、調整しながら探っていくのだ（「実践編」の《ものまね》で詳述する）。

感情の「住所番地」

《二拍子》の訓練を続けると、イメージした感情をほぼ瞬時に「ポーズ」にすることができるようになる。反射的にポーズを作るだけでなく、同時にその感情の「身体全体がつながっている感覚」もつかめるようになる。癖を指摘され、それを排することで、身体はより多彩な表情を使い分けられるようになるのである。

それは、感情の「住所番地」がより正確に、そしてより微細になることとも言えるだろう。「喜」、「怒」、「哀」、「楽」が日本の住所表記の都道府県にあたるとすれば、そのあとに市区町村、丁目、番地、号、時には部屋番号まで加えて、ようやく一つの家にたどりつく。感情の「住所番地」は、それと同じか、それ以上に細かく捉えることができる。

「喜び」では漠然としているが、「試合に勝った喜び」なら少し限定される。「とても勝てるとは思えなかった強豪との試合に勝った喜び」とさらに限定を加え、「好きな人が応援に来てくれた驚き」や「挫《くじ》けそうになったきつい練習」といった要素を加えると、かなり細かい「住所番地」になる。「驚き」や「きつい練習」がどれくらいのものかによっても、感情の「住所番地」は変わる。無限に広がる感情の地平の「この一点」というピンポイントを的確に表現できるようにすることが、俳優の技術的な目標なのだ。

＊

数年前にパリのブッフ・デュ・ノールという劇場で、ある芝居を見た。ブッフ・デュ・ノールは、フランス映画『ディーバ』（ジャン＝ジャック・ベネックス監督）の冒頭でシンシアというオペラ歌手がコンサートを開く会場のロケ地である。

一八七六年から劇場として使われ、安全上の理由から一九五二年にいったん閉鎖されたが、イギリス人の著名な演出家ピーター・ブルックによって一九七四年に再び劇場として使われるようになった。客席がぎしぎしと音を立てるような古さで、現代的な舞台機構もそなわっていないように見えたが、むしろそのがらんとした空間の闇に、この世のものではない、さまざまな魂が宿っていそうな雰囲気があった。演劇人なら、ワクワクする空間である。私が見たのは、そのピーター・ブルック自身が演出した『ザ・スーツ』という作品だった。

南アフリカの黒人作家キャン・センバの短編小説が原作で、アパルトヘイト時代の黒人居住区が舞台である。

――主人公のマチルダが愛人と浮気しているところに夫が帰ってくる。浮気相手は逃げたが、彼のスーツがハンガーに残される。夫は浮気の罰として、妻にそのスーツを客人として手厚くもてなすよう命じる。それが題名の由来だ。友人の忠告を受け、夫はその奇妙で残酷な罰を解き、妻を許そうと決めて帰宅するが、妻は罰に耐えかねて、すでに息を引き取っていた。

椅子とハンガーラックというシンプルな道具だけで全場面が展開する。それでいて飽きない。マチルダ役の歌のうまさには圧倒された。小品でありながら見どころの多い舞台だったが、何より驚いたのは俳優の演技だ。その人の心の中で小さな針が一本落ちたような微細な振動が、客席にいて感じられたのである。

先ほどの「住所番地」で言えば、部屋番号が一〇〇一号から一〇〇二号に移動しただけの、ほんの些細な、しかし確実に違う変化が表現されていた。俳優本人がその変化を自覚できているだけでなく観客、すなわち他者にそれを読み取らせる技術＝演技力も兼ねそなえている。俳優とは、客席に自分の用意した魂を読ませる職業だ。演技とは、俳優の身体と声の表情を通じて、登場人物の心のうちに観客を誘《いざな》い、その襞《ひだ》に書き込まれた情緒や衝動を読み取らせる行為なのである。

基礎編

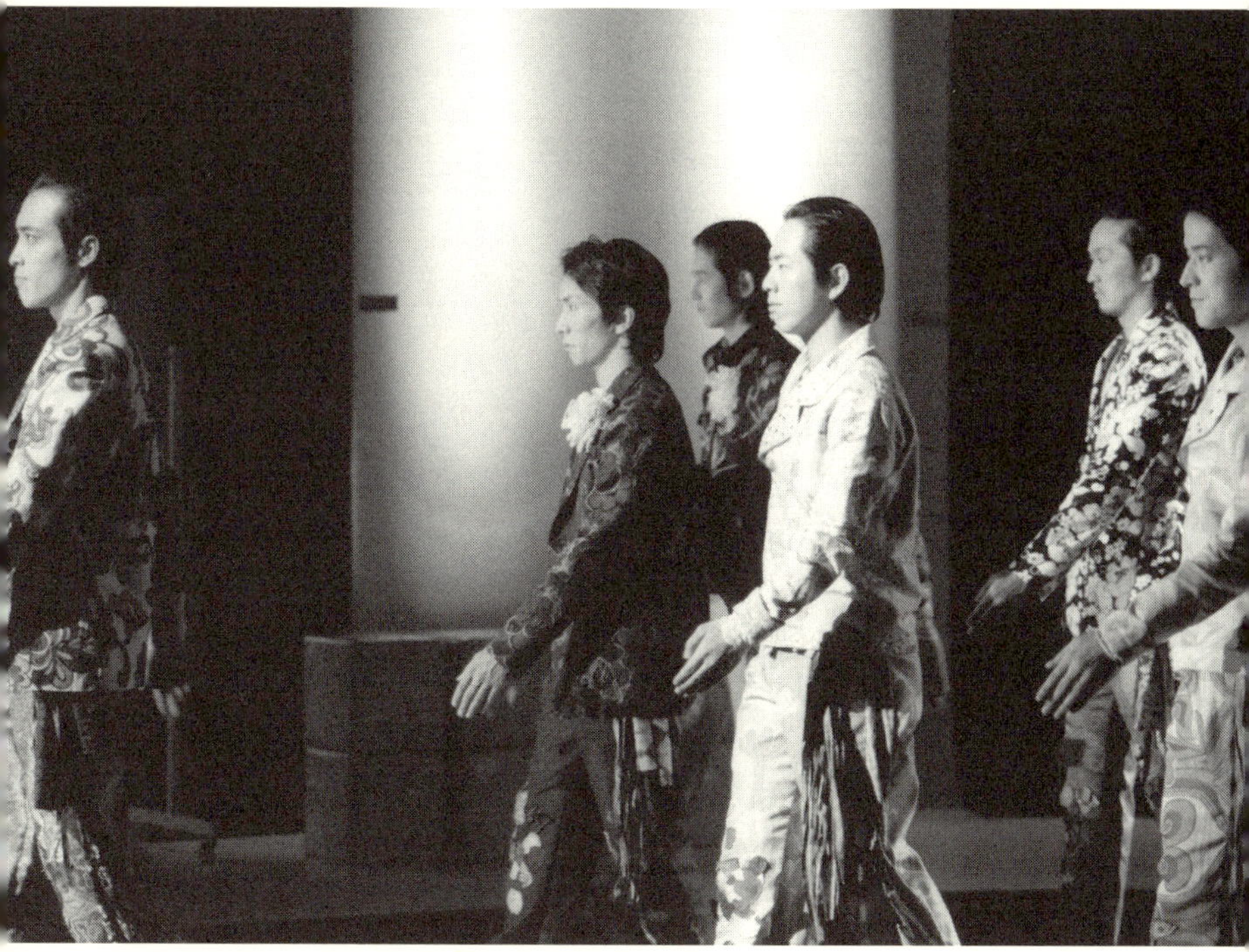

《歩　行》

第一章　《マッサージ》と《柔軟運動》

武装した身体とマッサージ

外国人に現代日本人の身体を紹介するなら、私は迷うことなく東京の朝夕のラッシュアワーを挙げる。そして、満員の列車に乗ってみるように勧める——「座らないように」と指示を加えて。私たちの身体がどのような環境で作られるか、手早く体感できるに違いない。吊り革につかまって、いったい何に敏感になり、その代償としてどのような鈍感を引き受けているのか。

まず、人の足や荷物を踏まず、身体の向きが目の前の人とできるだけ直角になるように足の置き場を決める。片手は吊り革やかばん。もう一方の手のひらも他の人の身体に触れないようにする。体臭や香水は強すぎず、携帯は鳴らさず、鼻息は相手の顔や髪やうなじにあたらないように、新聞や本はぶつからないように注意する。声は出さない。咳払いは許されるが、大っぴらに鼻をかむのは慎む。車両やアナウンスの音を除けば恐ろしく静かな大群衆が、極限の密集状態でターミナル駅に向かって移動する。そんな風景の中で、私たちの身体はしつけられていく。

冷静に眺めれば不自然で非生物的に思えるが、東京では日常的な光景だ。身体は、その中で生理状態を無視することを求められる。まわりの人の生理状態がきわめて敏感に感じ取れる距離にいながら、それらを読み取らないように感覚を閉ざす。同時に、周囲に極力読み取られないよう自分の生理的な表現の幅を狭める。肌を接しながら肌触りに目をつぶり、感じていることを表に出さない、という矛盾を身体に強いる。

この修行にも似た忍耐の中で、私たちは社会人としてのふるまいに無言の同意を求められ、都市生活を送る上での武装方法を学ぶのである。それはヨーロッパやアジアで私がかいま見たものとは違う、日本独特の風景に思える。ヨーロッパではこのような密集は忌避されているように感じたし、アジアの密集はもっと喧騒の中で、すなわち生理的反応に素直な状況の中で展開していたように思う。

満員電車に限らない。人の集まるところ、教室、執務室や会議室、冠婚葬祭の場、ファミリーレストラン、コンビニエンスストアで、身体は武装するように、静かに、しかし確実に教育されていく。

このような身体の武装解除こそ、稽古場やワークショップにおける第一の作業だ。武装状態では、表現はおろか、その前提となる日常の相対化さえままならない。さまざまな方法が可能だが、私が行うのは参加者同士の《マッサージ》である。

【トレーニング1－1：《マッサージ》】

二人組になり、片方がよつんばいになる。

両腕、両腿《もも》を、それぞれ平行に、地面に垂直につく。それ以外の部分は力を抜く。

この段階で、頭とお腹の部分が垂れ下がるのが、力の抜けた状態だ。馬や猫など四足歩行をする哺乳類の背骨は通常、肩と骨盤の間で下向きに湾曲し、胴体は背骨に吊り下がった状態になる。人間もよつんばいの時はそのようになるのが自然である。

しかし、人によっては、お腹が下に下がらない。鉄板を埋め込んだように、無意識のうちに力が入り、背骨が下に曲がらない。意識しても力を抜くことができない。というより、背中を意識できなくなっている。そんな場合は、背中をあたためるようにさすり、その部位を再確認できるようにして、少しずつ力を抜くように促す。

《マッサージ》の狙いは、ほぐして余計な力を抜くことにある。同時に、どこに力が入っているかを知ることでもある。身体のほぐれていない人は、自分が力んでいることに無頓着だ。心もこわばっていることが多い。心がリラックスしていると、身体には余計な力が入りにくい。


ペアの相方は、よつんばいの人の背中にまたがって、腰から背骨に沿って首まで下方に押す。押されている人と相談しながら、強すぎず、弱すぎず、気持ちのいいところを探す。

次に、同じように腰から背骨に沿って押すが、よつんばいの人は押されたところを反発して持ち上げるようにする。背骨の存在を確認するように、順次、首まで続ける。


よつんばいの腰の位置を残して、両腕を前方に伸ばし、あごを床に近づけていく。

顔は横に向け、床に頬をつける。相方はまたがって両肩を上から押し、肩の周辺を伸ばす。

この姿勢になるだけで肩が痛む人もいる。その場合は、無理に押さず、肩の周辺をやや強めにさすり、あたためて血行を促す。

よつんばいの肩の位置を残し、つま先が外側を向くように両足を後方に伸ばす。
相方はまたがって腰を上から押し、腰の周辺をほぐす。痛い場合は、無理に押さずにあたためる。

亡くなった先生

数年前の夏休み、とある県下の高校演劇部員を集めた合宿形式のワークショップがあった。講師を務めた私は先生がたと一年ぶりの再会を喜び合ったが、一人なじみの教諭が見当たらない。合宿での私の作業は、大人数の生徒に演劇の練習法を伝えることだった。進めやすいよう陰に陽に気をまわし、また生徒が少しでも舞台に魅力を感じるよう情熱的に指導していた若い男性教諭である。他の先生に消息を尋ねると、驚いたことに亡くなったという。過労死だった。

彼は仕事熱心な「優秀でいい人」だった。面倒な職務を進んで引き受け、時には他の先生の業務も肩代わりする。そういう「優秀でいい人」だ。寝食を忘れたように仕事に邁進する彼に、心配した同僚は、しっかり休んで食事をとるよう忠告した。

「最近、あまり寝なくても、食べなくても平気になったんです」。教諭はそう答えたという。一週間のうち、まともに睡眠をとる日が一日とか二日とか、尋常とは思えない状態が続き、ある日倒れて昏睡状態に陥る。栄養失調だった。そして、命を落とした。

この出来事は「意識」と「身体」の関係を考えるきっかけになった。人間は生まれた時には意識と身体が一体だ。眠くなれば躊躇なく寝るし、空腹になれば遠慮なく食べる。寝るから眠くなったとも、食べるから空腹だったとも言える。欲求が満たされないと、泣いてすねる。

身体と欲望が一致した状態で、周囲への配慮や協調などあろうはずがない。「お父さんが帰るまで、もうしばらく起きていることにします」とか「お母さんはお忙しいでしょうから、お乳は待ちます」などと言う赤ん坊がいたら気味が悪い。まわりに気を遣わない。そもそも「遣う」「気」そのものが芽生えていない。

成長につれて、家や学校や社会のしつけが始まり、身体と意識は徐々に分離を強いられる。眠たくても起きていなければならない状況や、腹ぺこでも食べられない事態があることを学ぶ。朝起こされ、むずかると「夜ふかしするからだ」と叱られ、満腹で夕飯を残すと翌日おやつを減らされたりする。

社会人として一人前というのは、睡眠や食事に関して意識が一定程度、身体をコントロールできている状態だ。大事な会議中に堂々と眠ったり、打ち合わせ中の顧客を前に一人弁当を食べたりすることはなくなる。背《そむ》けば「劣等」と評価され、結局、損をする。いや、損得勘定だけでなく、私たちは劣等と評価されることに恐怖に近い感情をもっている。そうした価値観、不文律をもった社会に生きている。そして、徐々にそれを教え込まれる。例外的にルール違反が許されるのは、本人の生命に関わる切迫した場面だけだろう。

はじめは無意識に、やがて意識的に、私たちは「優秀でいい人」として行動し、ふるまうように、意識と身体の関係を組み替えられる、もしくは自ら組み替える。亡くなった先生は意識と身体の分離がかなりの程度まで進んでいたのだろう。はじめのうちは「無理してるなぁ」と感じていたが、その状態が続くうちに、「無理してるなぁ」という感覚は意識から失われ、分離がさらに進んだ。亡くなる直前、睡眠や栄養の不足で身体は悲鳴をあげていたはずだ。しかし、そのメッセージが意識に届くことはなかった。そして、身体の衰亡の結果として、意識も喪失してしまったのである。

彼の死は極端な例だが、それでいて私たちと無関係とは思えない。意識と身体の過度の分離で体調バランスがとりにくくなっている感触を、現代人は共有している。身体と意識のつながりが薄く、鈍感になっている自覚は、ぼんやりとではあっても、もっている。

お腹が空いていないのに食べてしまう。疲れているのに眠れない。自分が今何をしたいのかよくわからない。摂食障害、睡眠障害、ニートやひきこもりといった現象の根底には、この鈍感の深刻化が横たわっている。

《柔軟運動》の効用

《マッサージ》に続いて《柔軟運動》を行ってみよう。さまざまな種類があるが、紹介は他の機会にまかせ、よく知られている《柔軟運動》を見ながら、何が重要な点なのかを考えてみたい。

【トレーニング1−2：《柔軟運動》】

床に座り、左足を伸ばす。右足はひざを曲げて外に倒し、そのまま左足に乗せる。

上半身を倒し、左足のつま先を両手でつかむようにする。片足が終わったら、逆の足でも行う。

息は止めない、そして伸ばしている場所を意識する。

《柔軟運動》は、どんなに慣れても痛みがともなう。だが、痛みを味わうことに意味がある。また、加減がわからないと、どうしても息を止めがちだ。身体に余計な力を入れないために、痛いと感じた時には息を吐き出す。息を抜くと力も抜け、身体はさらに曲がる。

痛みは全身に漫然と走るわけではない。この場合、ふくらはぎと腿《もも》の裏から腰、背中にかけて痛む。その部位の筋肉が通常より伸ばされて痛みが発するので、その信号を受け取る。何回、何秒という基準はない。曲がるところまで曲げて、痛みを確認する。およそ関係ない場所が痛む場合は、やり方が違うか、その箇所に故障がある。

《柔軟運動》の痛みは、刃物の傷や捻挫の痛みとは違って、姿勢を解除すれば消える。慣れれば、心地よさをともなう。そういう感覚を、一般に「痛気持ちイイ」と呼ぶ。痛キモチいい状態で《柔軟運動》を続ければ、身体を痛めることはない。慣れない人同士で押し合うと、ケガにつながりやすい。

短時間でも毎日《柔軟運動》を行うと、身体の曲がり具合や痛みの度合いで体調が判断できるようになる。柔軟性は季節や時間によって違う。風呂上がりや夏のほうが、起き抜けや冬に比べて柔らかい。こうした運動で身体の状態を知ることが、身体との対話の第一歩になる。

《柔軟運動》と言いながら、目的は必ずしも柔軟性の獲得や可動域を広げることではない。本当の目的は、身体への認識を変えることにある。われわれの多くは「身体は自分のものだ」と思い込んでいる。しかし、現代日本人に限って言えば、それは思い違いだ。ある著名なダンサーに聞いた話では、大企業の管理職を対象にワークショップを行ったところ、受講者たちの「まるで鎧《よろい》のような身体」に驚いたという。彼らが厳しい競争を勝ち抜くために武装し、やがて全身を鎧《よろ》われていくことは想像にかたくない。人間の身体は驚くほど素直に環境に反応する。こうした身体を相対化する装置として〈演劇的教養〉は機能するだろう。現代人にとって「自分の身体は学ぶ対象になっていること」を私たちは認識すべきだ。ワークショップの狙いも、そこにある。

「身体を自分の恋人のようにいたわって、ていねいに対話してください」と伝える。「意識」を、「恋人の気持ちは永遠に自分のものだ」と勘違いしている人物になぞらえる。空腹や眠気といった「身体（恋人）」の切実なメッセージを無視し続けていたら、やがて愛想をつかされ、別れを告げられるかもしれない。そのぎりぎりのところで何とか関係を維持しているのが現代人の姿ではないだろうか。身体の声を聞く初歩的な方法として、《マッサージ》や《柔軟運動》を捉えたい。

第二章《発　声》

呼　吸

発声の説明は、呼吸の話から始まる。大学の講義やワークショップの現場で「どんな呼吸法を知っていますか?」と尋ねる。「胸式呼吸」、「腹式呼吸」という返答。「その違いは?」と尋ねると「胸式はムネで、腹式はハラで呼吸すること」。「では、ハラで呼吸するって、どういうことでしょうか?」「お腹に空気を入れるのかな」と曖昧だ。

発声と一見関係なさそうな呼吸の話から始めるのは、発声が肺から空気を出す時、あるいは入れる時の気流を使って行われるからだ。できれば、肺により多くの空気を入れたい。そうすれば、長い言葉やフレーズを少ない息継ぎで発語できる。俳優のみならず、声を使う人なら、そう考える。したがって、肺をどのようにふくらませるかが発声上の重要なテーマになる。一言で言えば、身体を立てた状態で肺を上にふくらませるのが胸式呼吸、下にふくらませるのが腹式呼吸である。

胸式呼吸から試してみよう。息を吸いながら肩を上げる。肩を下ろして息を吐く。これだけ。「胸式」という呼び方が誤解を生んでいる。呼吸はすべて肺、つまり胸で行っている。腹で呼吸はしない。「胸式」と「腹式」に分けるから、よくわからなくなる。本当は「肩式呼吸」と呼ぶべきだろう。

私たちは両呼吸とも日常的に行っている。しかし、明らかに胸式になるのは、たとえば「ため息」をつく時である。肩を落として息を吐き出す。肩と連動している。腹式呼吸でため息はつかない。また、びっくりした時に思わず肩が上がるのも、人間だけでなく哺乳類に共通する本能だ。猫も驚くと肩を上げる。そこには明確な理由がある。肩を上げて、肺に空気を取り込んでいるのである。びっくりするような事態は、危機が迫っている可能性が大きい。とっさに酸素を補給し、次の行動がとれるように、われわれの身体は整備されている。全力疾走のあと「肩で息をする」のも胸式呼吸だ。

一方、腹式は横隔膜を下げて肺を下にふくらませる。横隔膜と言われてもぴんと来ないかもしれない。「よこにへだてるまく」と書いて「横隔膜」。肺や心臓のある胸の部分と、胃や腸や肝臓のある腹の部分を「よこにへだてる」筋肉だ。ふだん、その存在を感じるのは「しゃっくり」の時。しゃっくりは横隔膜の痙攣《けいれん》で引き起こされる。急に空気が吸い込まれ、声門が開いて思わず「ひっく」と声（音）が出る。

横隔膜と呼吸の連動は、次の方法で確認する。息を吸いながら肩を上げる。ここまでは胸式と同じ。次に息を吐かずに肩だけ下ろす。その後、少し苦しいが、そのままお腹をへこませる。横隔膜が上がり、肺の体積が小さくなるので、肺の中の圧力が高まる。そして、お腹を出す。横隔膜は下がり、肺の体積が増えて、肺の中の空気圧は低くなる。これは横隔膜を動かすトレーニングとしても行われる。

横隔膜が下がると肺は大きくなり、そのぶん腹や背中が圧迫されて前後左右に出る。横隔膜が上がると肺は小さくなり、腹や背中はへこむ。腹に空気を出し入れしているように見えるが、膨張・収縮しているのは肺だ。

舞台俳優には腹式呼吸が必須だと思われているが、理由は知られていない。胸式で息継ぎをすると肩が上がる。舞台上で次にしゃべる人が一目でわかってしまう。これは、あまり都合がよくない。また、胸式に比べると腹式のほうが、横隔膜や腹筋という身体の中でも強く大きい筋肉を使うので、呼吸のバリエーションが作りやすい。早く強く、あるいは細く長く、息を出すことができる。用途に応じて使い分けられる。鍛えやすく、疲れづらい。呼吸時に他者から見て身体の変化がわかりにくいことも重要だ。そこで、洋の東西を問わず、声に関わる芸能は昔から腹式呼吸を用いている。

母音

肺を出た空気は、喉(声道)を通る際に声帯を振動させる。声道や声帯で調整された音が、頭蓋骨や上半身に共鳴して声になる。声帯の音がそのまま声になるわけではない。

発声練習ではまず、呼吸や声道や声帯、それぞれの調整を正確に行う。結果として、共鳴する範囲(共鳴域)を広げる。むやみに大きな声を出すのが発声練習ではない。頭蓋骨や上半身の共鳴域はスピーカーの大きさに喩えられる。訓練でスピーカーは大きくなる。大きいほうが遠くまで届く強い音が出る。ていねいにトレーニングすれば、身体のスピーカーは大きくなる。オペラ歌手は指先まで共鳴する、と聞いたことがある。大きな舞台でマイクなしでアリアを歌っているのを見ると、なるほどと思う。

一般に、発声練習は母音の練習から入る(加瀬玲子の「加瀬メソッド」も参考にした)。

「あ」、「い」、「う」、「え」、「お」——日本語の母音は五つ。他言語に比べると少ないほうだ。英語のほうが多いので、発音に苦労する。

「口の形」と「身体のどこに共鳴させるか」を意識して声を出す。

「あ」は、口を大きく開き、上半身全体が振動するように発声する。

「い」は、歯を重ねて口を横に広げ、背中全体が震えるように発声する。

「う」は、口をすぼめ、鼻の奥を振動させる。「うー」と声を出しながら手をおでこにあてると、振動しているのがわかる。頭蓋骨が共鳴しているのだ。すべての音が「う」のように振動をつかみやすいわけではないが、徐々にわかるようになる。

「え」は、「い」のように口を横に広げるが、上下の歯を離し、舌を口の床につける。「い」の時は舌が口の中で浮いている。「え」は首のつけ根の後ろ側、骨の出ているところを中心に首、肩、背中が震えるように意識する。

「お」は、ローマ字の「O」の口で、みぞおちの奥を振動させる。

あせって大きな声を出さない。ふだんの声で共鳴する場所を意識する。現場では背中を振動させる際に「背中にあてる」という言い方をする。声をその部位にあてる意識をもつ。

日本語は「ん」以外、一音ずつ母音が入る言語だ。「プロフェッショナル」という単語の頭の部分を比較しても、英語だと〝pro〟だが、日本のローマ字表記では〝puro〟になる。母音の種類は少ないが、言葉に母音の占める割合は大きい。能楽や義太夫や歌舞伎では、発声の際に「息を引け」、「声を後ろに出せ」と教える。声を前に強く出すと、母音の多さから、うるさい印象を与える。よく聞き取れるが、しばらくすると声をひけらかされているようなやかましさを感じる。後ろに出すのは訓練が必要だが、聞きやすく飽きづらい。伝統の知恵である。

もっとも、これは声の出し方に限らない。日常生活でも、強く主張するより、たんたんと思いを述べたほうが説得力をもつことが多い。ふだんの声の出し方、主張の仕方も、自分を観察する一つの指標になる。

「滑舌表」を使って

「滑舌がいい、悪い」は今や一般用語だ。かつては俳優やアナウンサーなど、人前で言葉を発する人の専門用語だった。口をなめらかに動かして言葉がはっきり聞き取れる状態を「滑舌がいい」と言う。歌舞伎で使う「口跡がいい」と同様、「耳に心地よい」というニュアンスも含んでいる。

通常、「滑舌表」を使って訓練する。わかりやすく言えば、早口言葉である。わざと言いづらくなっている。息継ぎせず、淀《よど》みなく口にできるように稽古する。

【トレーニング2－1：滑舌表①】

（別表を参照）

同じ内容だが、上は漢字とひらがなで意味がわかるように記述してある。下にはカタカナで、どのように発音すべきかが記されている。見慣れない記号は「アクセント記号」だ。字の上に線が引かれている音は高く発音する。その線の右側が下に折れているものは、次の音を低く発音する。

まず触れておきたいのはアクセントだ。英語のアクセントなら学んだが、日本語のアクセントは教わった記憶がない。関東と関西では同じ言葉でも聞こえ方が違うことは知っている。しかし、日本語にも実はアクセントがあり、英語のアクセントとは根本的に違う。

凡例：　—　高く発音する　◌　無声音
　　　　￢　高く発音する・次が下がる　カ゜キ゜ク゜ケ゜コ゜　鼻濁音

青い家をおいおい売る。上へ青い葵《あおい》をおいおい植える。居合を終え、笈《おい》を負い、甥を追い追いあえいでいく。

アオイ　イエ　オ　オイオイ　ウル　ウエ　エ　アオイ　アオイ
オ　オイオイ　ウエル　イアイ　オ　オエ　オイ　オ　オイ
オイ　オ　オイオイ　アエイデ　イク

滑舌表①

書きかけ書こうか、駆けっこか、買い食いか、危険危険今日が期限だ。書きかけ書こう。

カキカケ　カコー　カ　カケッコ　カ　カイク゜イ　カ　キケン
キケン　キョー　カ゜　キケ゜ン　ダ　カキカケ　カコー

滑舌表②

英語は「強弱アクセント」、日本語は「高低アクセント」の言語だ。英語ではアクセントの部分が「強く」なるが、日本語では「高く」なる。英語に“entertainment”という言葉がある。アクセントは「a」。そこを「強く」発音する。「高く」はしない。

滑舌表のはじめに出てくる「アオイ（青い）」は「オ」にアクセントがある。「ア」よりも「オ」を高く読む。線の右側が折れているので「イ」は低く発語する。続いて「アオイ（葵）」という、同じ「ア」と「オ」と「イ」から成る単語が出てくる。こちらは「オイ」にアクセントがあるので、「ア」よりもそこを高く読む。アクセントの位置によって、一方は「ブルー」に、一方は植物の名前になる。

アクセント次第で意味が違ってしまうので、正確さが求められる。一方、アクセント部分をしっかり高く発音すれば、他の音が少々曖昧でも意味が通じる。日本語は母音の数が少ないにもかかわらず、単音に母音が含まれるので、似た音の単語が多い。ダジャレが文化になるのは、そういう理由からである。

「アクセント辞典」というものがあり、俳優は必要に応じて正確なアクセント確認のため、この辞典にあたる。小説家にとっての国語辞典のようなもので、決して手放せない。時代とともにアクセントも変化するので、辞典は版を重ねている。

【トレーニング2－2：滑舌表②】

（別表を参照）

ポイントは二点。「無声音」と「鼻濁音」である。

無声音は「シッ、静かに！」の「シッ」の音。喉を触るとわかるが、震えない。喉が振動する音を「有声音」、振動しない音を「無声音」と呼ぶ。この滑舌では「書きかけ」の「き」や、「危険」の「き」がそれだ。アクセント記号では、点線の丸で囲まれている。「き」は本来「ki」と発音するが、この時は「i」を弱く読む。音としては「カキカケ」と「カッカケ」の間になる。

「買い食い」の「ぐ」、「今日が」の「が」、「期限だ」の「げ」は鼻濁音。アクセント記号では「゜」（半濁点・半濁音符）がつく。「がぎぐげご」という濁音の前に小さな「ン」がついて「か゚」ならば“nga”と発音する。濁音には時として無骨で下品なイメージがあるが、鼻濁音にすると和らいだ印象になる。日本語では、文節の頭にある以外のガ行は、たいてい鼻濁音になる。助詞や接続詞もそうなるので、「今日が」の「が」は鼻濁音で発音する。

太古より「濁音」という概念を生み育ててきた私たちの先祖の、音に対する美的感覚は興味深い。現在では濁点「゛」で表記される「ガ・ザ・ダ・バ」行の音を「濁った音」として区別し、漢語が入るまで、語頭には使わなかったのだ。

せめて「アクセント」、「無声音」、「鼻濁音」程度のことは小中学校で教えるべきだろう。英語のアクセントには四苦八苦したが、私が日本語のアクセントに注意を払うようになったのは演劇を始めてからだ。しかし、アクセント記号のついた滑舌表は一般には存在しない。不便なので、三〇年ほど前に私の所属する団体で独自に作った。音声の軽視は、先述の日本語戯曲の軽視とともに文化的な問題だ。

無声音は関西にはない。鼻濁音も九州・四国・中国地方、新潟県、群馬県にはない。地域差があるし、方言とも関連している。私は東京で生まれ育ったので、方言をもっていない。地域の人々が方言で話したり、芝居をしたりするのを聞いていると、何とも言えないうらやましさを覚える。言葉や会話が歴史に包まれ、守られているように感じる。心のちょっとした襞《ひだ》も疎《おろそ》かにしない、ほっこりとあたたかく柔らかな耳触りがある。先祖の細かい気遣いや情感が溶け込んでいるかのようだ。私でさえ、時に共通語は冷たく、味気なく、事務的だと感じることがある。共通語は明治以降、政府が制定したもので、音声言語としての歴史は浅い。やがてこなれたものにするのが、使っている私たちの使命であろう。

発語

声は、本人が意識しなくても、どこに向かって何を伝えたいか、という目標をもっている。漠然と声を出している気のする独り言も、自分に注意喚起や確認や発奮を促し、たまった思いを吐き出すという目的がある。

「対象となる人に直接触れるつもりで声を出してください」。メンバーには、そう伝える。「ぶしつけ」、「ぞんざい」に感じられる声は少なくない。しかし、当人は気づいていない。

「あなたに嫌われているように聞こえます。あなたと話す人は、自分が嫌われていると感じる可能性があります。あなたは知らないところで損をしているかもしれませんよ」。声を届ける気遣いは、手で相手に触れるのと変わらない。敵対心のない初対面の相手を、いきなり突き飛ばしたりはしない。しぐさなら一目瞭然のことが、声になると無頓着になる。

さて、発語はどのように起こるのだろうか。声をかけたい対象がいて、それを発見し、あるいは見定めて、ようやく声が出る。銃と同じだ。対象を見つけ、照準を合わせ、発射する。狙いも定めずに射出すれば失敗する。練習なので照準合わせは慎重に時間をかけてかまわない。日常でも、相手を見つけてから声を出すまでにはタイムラグがある。その間に発語者は対象に「これから何か伝えるぞ」という「気」なり「念」なりを送っている。「気」が先行して「声」が従う。発声練習を行うと、初心者ほど「気」と「声」の間隔が短い。「声」が出てから「気」が追いかけることさえある。当然、噛んだり間違えたりする。

トレーニングの初期には、淀みなく一つの滑舌を発声するだけでも難しい。他のメンバーが耳をそばだてている中、一人で声を出すのだ。緊張も羞恥心もある。間違えるたびに「すみません」とあやまるのも、この時期の特徴である。できないから練習するのだ。詫《わ》びる必要はない。他の参加者の時間を無駄にして申し訳ないのであれば、稽古して早くできるようになることだ。

謝罪は、せっかく準備してきた集中力を大きく削《そ》ぐ。発声する集中力と詫びる気持ちとでは位相が違う。結果、集中力がぶつぶつ切られる。つかえても噛んでも、緊張を途切らせずに最後まで語りきる。すると、徐々に滑舌が流れるようになる。

第三章 《海の歩行》

演じ手の視界

うららかな春の日。ぽかぽかとした海辺の公園は、家族連れやカップルで賑《にぎ》わっている。おだやかな波の向こうに、遠く客船や貨物船が見える。ふと目をやると、魅力的な女性が親しい人に、そう、恋人にしか見せないような笑顔を向け、こちらに手をふりながら小走りに近づいてくる……。

テレビドラマやコマーシャルで、ありそうな映像だ。少し想像力を使って視界を逆転する。こちらに微笑んでいる女性、つまりその女優からは、どのような風景が見えているだろうか。

微笑んだ先には、一台もしくは数台のカメラが設置され、カメラマンを中心に撮影陣が構えている。日中スポットライトは使わないが、照明チームは反射板をもち、光量の調整に余念がない。雲が出て日がかげりそうであれば、ライトの準備にあわただしく動きまわっているだろう。

音声担当は、演者に風防の小型マイクをつけ、自分は先端にマイクのついた棒をもって、画面に入らないように、しかしできるだけ女優に近い場所で音を拾う。メイクスタッフは、カットの合間に女優に日傘を差し向け、汗をぬぐい、髪やメイクを直す。カチンコをもち、カメラの前に立つ人。家族連れやカップルなどのエキストラに演技をつける人。そして、監督。

本来そこにはない彫刻や植え込みをしつらえる美術関係者も、すぐ替わりを出せるよう撮影に見入る衣装担当もいる。編集用に記録をとる人、スケジュール調整から食事の手配まで周辺の雑務をこなす製作陣。マネージャー。スポンサー企業や広告代理店の人たち。そこが公共の場なら、行政担当者。通りかかった見物人やそれをさばくスタッフまで、カメラアングルから外れた場所では多くの人間が固唾《かたず》を呑んで撮影を注視している。

それでも女優はカメラの位置に恋人一人が待っているかのようにふるまう。見られていることを気取られず、余計な緊張もなく、安堵した、うれしそうな表情が求められる。恋人が待つ、という仮想世界に想像力を駆使して没入する。彼女は妄想の中に棲む必要がある。

生身の人間である以上、彼女の頭にはさまざまな不安や雑念がよぎる。うまくいくのか、時間内に終わるのか、この頭痛は風邪ではないか……。スタッフは、彼女が余計な心配をせずに「自然な」表情が出せるよう、最大限の配慮をする。

演技とは、演じ手が心身ともに虚構世界に傾注する行為である。稽古場では、種々の方法でそれを実現する訓練を行う。その中から初歩的な《海の歩行》を紹介しよう。

《海の歩行》への入口

【トレーニング3－1：《海の歩行》】

自分が今いる場所を「海」だと想像する。

漠然と感じるのではなく、具体的に「海にいる」状態に浸る。

自分が海にいると信じられれば、この訓練は成功だ。イメージ・トレーニングに慣れると、さまざまな場所や状況を想像し、その世界に棲むことができる。戯曲に描かれた世界を解釈し、その空間や状況をイメージして、そこに生きるのが演技である。この訓練は演技力をつける上で、とても効力がある。しかし、架空の世界に身を置くことは、たやすくない。たかが「海」でも、それを生理的に体感するのは難しい。

メンバーには会場いっぱいに円になるように立ってもらい、その円をなぞりつつ、ゆっくりと歩きながら行う。

目をつぶり、深く呼吸をして、波打ち際に立っていると想像する。

仮想世界を鮮明にしていくことが大切だ。「海」をできるだけ具体的にする。晴れた砂浜にいることにしよう。まず、目を閉じて、仮想の視界から世界を広げる。季節は夏、太陽は頭上にある。目の前に海が広がる。日差しの強さ、まぶしさを意識する。音はどうか。波の音、海鳥の鳴き声、人の会話、子供たちの歓声、浜辺の有線放送、自動車の通過音など、自由に想像する。だが、イメージは曖昧にしない。

「髪の毛は陽を浴びて熱いです。触ると頭皮や手のひらに熱が伝わります」

触覚はこのように想像を促す。実際に触れて、その感覚を思い起こす。最初から「熱い」と感じることは、まずない。少しずつ近づいていく。

砂浜に立っていて、くるぶしまで波が寄せている。踏んでいる砂を意識する。水は少し冷たく、波は前から来る。波が戻るとき、砂が削れて足裏がくすぐったくなるような感じを思い出す。風も感じる。どの方向から、どんな強さで吹いているだろうか。水着なので濡れても平気だ。波を軽く蹴ってみる。

海の中で起こること

いよいよ海に入る。立ち止まっている状態から一歩踏み出し、メンバーの輪に沿って歩くが、その一歩は急がない。「波打ち際にいる」と感じられてから歩く。他のメンバーが歩き出しても、「海」を感じられるまで待つ。自分に嘘をつかない。歩く際も目をつぶっていてかまわない。必要に応じて薄目を開け、メンバーや壁にぶつからないようにする。歩く速度も好き好きでよい。ゆっくり歩いている人は追い越していく。

海に一歩入り、足首で波が上下するのを感じる。

踏み出した足が海水や砂に触れる瞬間、また軸足の足首で海面が上がったり下がったりする感覚を想像する。実際の海に行かなくても、銭湯や自宅の風呂でシミュレーションは可能だ。

少しずつ深いところに入ると、足首からすね、ひざへと波の上下する場所が移る。それをていねいに感じ取る。波は寄せるものと引くものとでは、抵抗を感じる身体の部位が違う。海面は陽光が反射して、まぶしい。

ももから足のつけ根、腰まで海に入る。

海面の上下が足から胴体に移ると、水温がより強く感じられる。腰まで入ると、波の影響も大きくなる。下ろしている手は海につかっている。その感触を確かめる。

自分の前にいる人に、水を飛ばす。

部屋にいる人ではなく、仮想の海で、先を歩いている人に水をかける。水の温度や腕を動かした時の抵抗を意識する。腰や足も波の抵抗を感じるのではないだろうか。相手から仕返しに水をかけられる。身体のどこに、どういう強さで、どれくらい水がかかったか。きらめく水面、吹きわたる風、聞こえてくる歓声や音とともに想像する。腕を思いきりふりまわすので、周囲にぶつからないように気をつける。

海藻を踏んでしまう。

足の感覚を敏感にする。できれば靴ではなく、靴下か裸足になる。ぬるぬるした感触のものを不意に踏む。砂と海藻の肌触りの差を意識する。ぬめりを砂や反対足のふくらはぎにこすりつけてもよい。その動きも水中なので、水の抵抗とうねりを感じ取る。

クラゲを発見する。

ふと振り返ると、海中にクラゲがいる。紫色で長く美しい。優雅に泳いでいるが、刺されたら痛そうだ。刺激しないよう、ゆっくりと離れる。水の抵抗は大きい。思ったように進めない。

波は胸から次第に首のあたりまで来る。首までつかったら、止まる。身体は波打ち際にいた時と、どのように変わっているか。身体がもっていかれそうな不安定な状態を想像する。

その場で潜る。

頭を海水に入れると、目や鼻にしみる。鼻や口から気泡が昇っていく。音の聞こえ方が変わる。身体に浮力を感じる。それらを同時にイメージし、感じる。水の上に顔を戻す。海水が髪の毛からしたたる。耳に入った水が抜ける前後で音の聞こえ方が変わる。抜けた水の生あたたかい感触。顔をどのようにぬぐうか。何度か潜って確かめる。

最後に深呼吸をする。潮の匂いがするだろうか。イメージが嗅覚にまで及んでいたら、想像力は相当深いところまで働いている。

「旅をしたい」身体

「海」以外にも、さまざまなシチュエーションが可能だ。

【トレーニング3－2：《和風旅館の夕食》】

雨の中、川沿いの温泉宿に入って、温泉につかり、和室での夕食までを動きつつイメージする。

秋の夕方、傘にあたる雨の音。傘をもつ手はどちらか。川沿いの温泉街を下駄で歩く。せせらぎと雑踏、立ち昇る湯煙。旅館入口の砂利を踏む音と感触。疲れている。身体の重さは、どのあたりで感じるだろうか。建物の木と畳の匂い、案内の仲居さんの声。磨かれた廊下と間接照明。露天風呂の濡れた石の床に踏み出す。そよぐ風と冷たい石の触感。湯気とともに迫る温泉の匂い。たっぷりと張られた湯。浴槽に入ると、湯がこぼれる。周囲の植物、温泉の注ぐ音、虫の音。次第に体温が上がってくるのがわかる。

部屋に戻り、浴衣で食事をとる。座卓に並ぶ刺身や煮物、酒に汁物。障子ごしに見える庭、床の間の掛け軸。部屋の雰囲気とともに、相手や話題も想像する。くつろぐことができるだろうか。

＊

私たちは、なぜ「旅をしたい」と思うのか。また、旅に出ると、なぜ「リフレッシュされる」と感じるのか。旅には身体を変える効用がある。別の言い方をすると、私たちは身体の状態を変えたくなると、旅情を覚える。

旅を求める身体は、無意識であれ、すでに本人に飽きられている。文明はさまざまな生活場面を提供するようになり、私たちは多様な身体の状態を味わえるようになった。その反面、文明は分業を強いるようになり、時間や価値観は画一化する傾向にある。いかなる時代や地域でも、身体は一定の生活枠の中に存在し、それによって精神的にも肉体的にも、ある部位に「凝《こ》り」が生じる。それが自分の身体に飽きる原因であり、放置すると心身の故障につながる。

まわりの風景や接する人が変わると、身体はそれらに対応して変容する。見慣れない場所で寝起きし、食べつけないものを口にし、ふだんと違う移動手段に乗って、初めての場所を歩く。歩幅や歩く距離まで違ったものになる。目にするものが新鮮なだけでなく、人間関係も変わる。一人旅なら、なおさらだ。職場や家庭で果たしていたのとは違う役割を担う。出会いの発見と感動がある。その結果、「凝り」はほぐされ、「リフレッシュされる」。そこで起こっているのは「変身」である。

「旅をしたい」欲求と、演技で「化けたい」欲求は、同質ではないだろうか。演技を求める身体も同じように自分の身体に退屈している。

俳優でなくても、日常の中で私たちは演じている。自覚はなくても、取引先との話し方と恋人相手の話し方は違う。本心を包み隠して「仮面をかぶる」こともある。では、人はなぜ日常を離れてまで演技をしたいと思うのか。現在の身体に「凝り」があり、演じることでその「凝り」が少しでも解消されるのを知っているからである。意識していなくても「身体」はそれを知っている。解消される「凝り」は、旅でも演技でも本質的には同じだ。人類は幅広い環境での適応が可能である。つまり、一つの時代や地域の、一人の役割を演じる以上の潜在能力をもっている。意識下の潜在力は、他の時代や地域、別の人間を演じると、一部が顕在化する。潜在力は顕在化を欲しているのかもしれない。

イメージ・トレーニングの効用

メンバーが体験するのは自己暗示、つまり「自分を騙《だま》す行為」だ。演技は「嘘をつく行為」である。しかし、その嘘を観客と共有できなければ、表現にはならない。客席を欺《あざむ》くには、演じ手が観客より前に自分を騙す必要がある。その場所が海だと本気で感じる人がいると、見ている者にも海が見えてくる。「演技の魔術」だ。時折「海にいるかのようなわざとらしい表現」を見かけるが、狙いがずれている。《海の歩行》では、ひたすら自分の主観で海を感じることに集中する。

《海の歩行》は一回体験すればよいというものではない。海の中で起こることを変えるなどして、繰り返しイメージ力をつける。稽古の前に毎回こうした訓練を入れる集団もある。集まるメンバーは、別々の生活を送っている。この訓練で、日常をいったん洗い流し、意識の共有を図るのである。

舞台は本来、木材やコンクリートでできた無機的な場所だ。その空間をセットや衣装や照明や音響の助けを借りながら「家」、「職場」、「戦場」、「宇宙船」、「太古」、「未来」、時には「この世に存在しない場所」にして客席の想像力を呼び込む。それを最終的に保証するのは、俳優の演技だ。演じ手が「ただの舞台にすぎない」と捉えているかぎり、仮想空間は出現しない。

私たちが堅固で絶対的とも感じている「現実」も、社会や国家が乗っているバーチャルなものと考えられる。確かに「現実」は「海」ほど、はかなくはない。けれども、試しに日本人の日常を超高速で逆回転させてみよう。八〇年ほど前は世界を相手に戦争をしている状態が平素で、一五〇年以上遡れば、ちょんまげに和服の人々が生活し、身分制度のある社会が出現する。〈演劇的教養〉のイメージ力は、現実や日常を相対化する。程度は違うが、「現実」も「海」と同様、愛すべき、はかないものなのだ。

演技のもつ力

たとえば「海」を信じた場合、その人は「楽しむ」と同時に「溺れる」可能性もある。そこまで自己暗示が解けないのかと笑うなら、自己暗示というものは前時代的で、われわれとは無関係な状態に感じられる。だが、はたしてそうだろうか。

人類は現代に至っても、なお自己暗示の強い支配下にある。人類史の一側面である数々の紛争は、敵と想定される勢力によって自分たちが攻め滅ぼされるのではないか、という集団的な恐怖や妄想――すなわち自己暗示――から勃発することが多い。また、そのように理解していながら、依然として紛争は尽きない。死者の復活を信じて死体をミイラにし、天災や怪異を恐れて天満宮を造営するといった類いの行いは、歴史上の出来事、過去のこととして簡単に片づけられないのだ。

舞台や映像で恋人を演じた俳優たちが製作中に、またそのあとで恋愛感情をもつことはめずらしくない。演技のための自己暗示が現実のものに化学変化するのだろう。私たちの精神には、自己暗示の占める部分が思っているより広く存在する。

演技力は、「周囲を信じさせる」という魔力ゆえに、使いようによっては、多くの人を統制し、時に混乱を引き起こす力をもつ。政治は演技力を大きな武器として活用する。あらゆる集団や集団間に政治は存在する。武力や腕力を考慮しなければ、そこでは有効な将来像を「信じている」または「信じているように見える」人間がリーダーになる。古来、為政者は演技のもつ有効性と暴力性に敏感だった。演技の専門家を舞台や芝居という形で社会から一定の距離を置くように隔離・区別したのは、そのためかもしれない。演技力の優れた者を放置することは、社会の安定上、避けたかったのだ。自己暗示が引き起こす社会的な事象は現在でもいろいろある。少し古いが、私が鮮明に覚えているのは次の出来事だ。

一九九〇年一〇月、クウェートに住む少女が米国の議会でイラク兵の残忍な行為を証言した。イラクのクウェート侵攻に端を発する湾岸戦争への参戦に疑問を抱いていた米国世論は、この証言を機に反イラク色を一気に強め、米政府の戦争遂行を容易にした。病院で赤ん坊を床に叩きつけた、とその残虐性を涙ながらに告発した少女の映像は今でも記憶している。その時は、本当に起こったことだと私も信じた。

しかし、のちに少女は駐米クウェート大使の娘であることが露顕した。彼女は現場におらず、証言はまったくの「嘘」だった。その後、少女や大使館がどのような処分を受けたのか、米政府や議会がどのような釈明を行ったのか、私は不勉強にして知らない。ただ、偽証が発覚しても、すべてがあとの祭りだったことは、湾岸戦争の推移を見れば一目瞭然だ。映像に心動かされた一人である私は、こうした詐欺あるいは茶番とも言っていい行為が現代においても国家レベルで存在していることに驚き、演技の魔力に改めて感じ入ったのである。

第四章　身体の発掘

左右非対称な動き

日常ではほとんど意識しないが、私たちの身体にはたくさんの興味深い機能や性能が眠っている。それを掘り出すのも〈演劇的教養〉の楽しみの一つだ。自分の身体を知る方法の一つに、身体を左右非対称に動かすトレーニングがある。


【トレーニング4−1：左右非対称な動き】

両手で数を数える。

右手は、ふだんのように「1、2、3……」と親指、人差し指、中指と結び、「6、7、8……」と小指から逆に開いていき、10まで数える。

一方、左手はあらかじめ親指を結んでおく。「1」で人差し指、「2」で中指、と一つずらして結び、「5」で小指から開いていく。「10」では開いていた親指を再び結ぶ。


片手ずつなら簡単。これを両手同時にやる。はじめはうまくいかなくても、練習すればできるようになる。この訓練を手はじめに、徐々に複雑な動きに進んでいく。

身体能力を開発する上で、左右を非対称に動かすのは重要だ。《二拍子》のところで述べたように、専門家から見ると左右対称の身体は幼稚に映る。大まかな気持ちは伝わっても、細かい感情の機微まで表せない。訓練を受けていない身体は、感情が強くなると左右対称にしか動かず、ついには硬直する。このトレーニングは、それを打開する初歩的なものだ。

うまくできないとき、どのように感じるか。それも大切だ。多くの人は、どちらかの手に気をとられ、両手を同時に動かせない。ゆっくりやればできても、スピードを上げるとうまくいかない。「どうしてこんなことができないのか」と苛立つ。

実は、そこがポイントだ。イライラするのは、この動きを「単純で簡単だ」と思い込んでいるからである。この程度の動作ができない自分の身体に（この場合は手のひらに）納得できない。ピアノやバイオリンのように左右の手を非対称に動かす楽器を練習してきた人は比較的簡単にこなすことができる。しかし、初めての人はできないことが多い。

当然だ。コンピュータに喩えるなら、人間の身体は非対称な動きがやすやすとできるようにはプログラミングされていない。初期設定では、左右対称な動きしかできない。こなすにはアプリケーションの追加が必要だが、それは訓練で獲得される。「単純で簡単だ」と思われる動作でも、一回目ではクリアできない。楽器で左右非対称に指を動かすのには相当な練習を要する。

では、なぜ私たちは「単純で簡単だ」と感じてしまうのか。それは、左右非対称な動きが私たちの周囲にあふれているからだ——「左手で茶碗、右手で箸をもつ」、「右手にペンをもち、左手で紙を押さえる」、「右手にシャワーヘッドをもち、左手で髪の毛をすすぐ」。こうした経験から、左右の手で別々に数を数えることなど大したことない、と思い込む。しかし、赤ん坊や幼児の様子に注目し、自分の記憶をたどれば、箸をもつのにも、けっこうな手間と時間がかかったことに思いあたる。幼い子は食器や食べ物をうまく扱えず、面倒を見ていても落としたりこぼしたりする。気が遠くなるような失敗を繰り返して、ようやくスプーンがもてるようになる。箸での食事は、さらにその先だ。私たちの日常を支えるしぐさは、すべて途轍《とてつ》もない習練の賜物なのだ。

このトレーニングは日々の煩わしい動きに比べれば単純だが、初めて体験する場合は簡単ではない。イライラするのは、身体に対する誤解が原因なのである。

右と左

右と左に関連して少々脱線する。

舞台上で方向を指すのに「右」、「左」という言い方はしない。客席と舞台では左右が逆になり、混乱のもとになるからだ。客席から見て右側を「上手《かみて》」、左側を「下手《しもて》」と呼ぶ。「上手」は「じょうず」、「下手」は「へた」とも読む。客席から見て左、すなわち舞台俳優の右側の分が悪い。

「天子南面《なんめん》す」と言われるように、昔、中国で君主は臣下に対して南に面して座した。「南面」は天子になって国を治めることを意味し、「北面」は臣下として仕えることを指す。古代中国に起源をもつ哲理「陰陽五行説」では、太陽の昇る東が「陽」、沈む西が「陰」である。天子から見て、左手が陽、右手が陰となる。古来、舞台は客席の北側に作られ、俳優は天子と同様、南面する形をとっていた。俳優の左側、つまり客席から見て右側は東方であり、陽である。そして、陽は陰より上位と捉えられる。「上手」、「下手」の語源は、そこにある。

身近な例では、お雛《ひな》さまの左大臣は右大臣より上位だ。左大臣は帝の左前にいる。これも同じ考え方に基づいている。天子の左側にある心臓を守るから上位なのだ、という説もあるし、圧迫感のある強いものを臣下ないし観客の心臓から遠ざけて右側に置こうとする心理だ、とする説もある。

能楽で演奏を担当する囃子方《はやしかた》は、能では正面、狂言では横を向いて演奏する。能は陰、狂言は陽であり、それに合わせて座り方が変わる。落語では、一人の落語家が複数の人物を演じ分ける際、顔を左右に向けて会話の様子を描写する。いわゆる「上下《かみしも》を切る」というやつだ。身分の上下がある場合、身分の低いほうが上手を向いて話す。

この左右についての考え方は、英語圏では逆になる。英語で「ライト」は「右」であり「正しい」も意味する。もともと人間は「右利き」が「正しい」とみなされていたからだ。一方、「レフト」は古英語の原義では「弱い、価値のない」という意味があった。英語では、舞台上の俳優の視線を基準に、「上手」は「ステージレフト」または「レフトハンド」、「下手」は「ステージライト」または「ライトハンド」と呼ぶ。

動作の「無意識化」

さて、左右非対称な動きはこなす上でコツがある。簡単にできるほうの動きを意識しないようにするのだ。「誰かにまかせる感覚」とでも言おうか。冒頭のトレーニングであれば、より簡単な右手は「誰かにまかせ」て、勝手に数えてもらう。自分はもっぱら左手に集中する。それが要領だ。それは、しぐさの「無意識化」とつながっている。より複雑で高度な作業を可能にする上で、私たちはこの無意識化を行っている。しぐさの習得、つまり何かの動作に「慣れる」ことは、無意識化の過程である。単純な操作を無意識化し、段階的に複雑なしぐさをこなせるようになる。

車の運転を例にとろう。教習所で初めて車に乗る時には、やらなければならないこと、気をつけなければいけないことの多さで不安になる。マニュアル車の場合、走行中、右足のアクセルをゆるめて、左足でクラッチを踏み、左手でギアを変える。右手はハンドルを握り、目は前方を見たままだ。クラッチの踏みが甘ければギアを変えられず、急に戻せばエンストを起こす。まともに運転できる日がやって来るのだろうか、と心配になる。しかし、慣れてしまえば、その動作に苦痛や煩わしさを感じなくなる。車線を変更し、カーナビを横目にラジオをつけ、タバコを吸うこともできるようになるし、運転そのものが快適になる。その段階で、一つ一つの動作をわざと意識して行おうとすると、かえって判断が遅れ、動作がぎこちなくなる。

それは、あらゆるしぐさについて言える。久しぶりに書いた漢字の形に気をとられると、本当にその字だったか自信がなくなってくる。意識し直したことで、無意識下にある何らかの連携が崩れるのだ。

《靴下の着脱》

では、私たちの身体には、どのようなしぐさが無意識化されているのだろうか。その封印を解く簡単なトレーニングを紹介しよう。

【トレーニング4－2：《靴下の着脱》】

いつもやっているように、靴下を履いたり脱いだりする。

次に、靴下なしでそのしぐさを行う。わからなくなったら、再び実際に着脱して確認する。

ふだん使用しているモノをいったんなくし、しぐさだけを取り出すと、気づくことが出てくる。たとえば、シャツのボタンを、シャツなしでつけ外しの動作だけ行う。指先がどのように動いているか、なかなか思い出せず、再現できなくて戸惑うのではないだろうか。

Tシャツの着脱を動きだけで追うと、ひじはかなり複雑な軌道を描いていることに気づく。腕時計の場合、バンドがベルトタイプだと、締める際に時計を装着する左手首をお腹のあたりにつけている人もいる。女性なら、髪を三つ編みに束ねる動作でもよい。腕や指は驚くほど複雑に動いている。

靴下を履く場合で考えてみよう。履きやすくするため、かかとの部分が下に来るように、両手で靴下を先端までたくし上げて左右に広げ、足のつま先は指を揃えて靴下に入れやすくする。その際、つま先が両手の間にスムーズに入っていくように、ひざ、足首、かかとも連動している。つま先が靴下の先端まで入ったら、両手の親指と人差し指はたくし上げた靴下を徐々にゆるめながら靴下をかかとやふくらはぎまで引っ張っていく。いったん履けたら、靴下と足のかかとが合うように微調整する。

脱ぐ際は、片手もしくは両手の親指か人差し指が靴下と足の間に入り、靴下をつまむか引っかけるかして、つま先の方向に引っ張る。ひざや足首も、その動きに合わせて連動している。指先、ひじ、肩、足、足首、ひざが複雑に動いているのが確認できる。

次に、昨晩靴下を脱いだ状況、今朝靴下を履いた状況を、靴下なしで皆の前で再現する。わからなくなったら、実際に靴下を使って確認する。

自己観察する時間をとったあと、他のメンバーの前で再現してもらう。ほとんどの人が忠実に再現できない。着脱のしぐさが違うケースもある。しかし、多くの場合、再現できない部分は共通している。

それは「視線」だ。たいていの人は靴下を凝視する。よほど注意しないかぎり、日頃の着脱時、自分がどこに目をやっているのかは意識しない。履きづらい靴下でもないかぎり、靴下そのものを熱心には見ない。他の人に見られて初めて、視線の把握が曖昧だったことがわかる。人前で再現できないものは、観察が不足しているのだ。

自分の動作を見せることが、なぜ必要なのか。私たちは書いたものを評価されることには慣れている。ペーパーテストで子供の頃から答案用紙を埋め、習熟の度合いを判断されるのは当然だと考えている。

演劇では、それが実技になる。美術や音楽や体育、また理科の実験などと共通している。残念なことに〈演劇的教養〉を伝える学課は初等・中等教育にはほとんど見当たらないので、その理解がないだけだ。私たちは、しぐさをテストされることに慣れていないのである。

演技とは妄想である

さて、視線について指摘したあとで、もう一度、靴下の着脱を行ってみよう。

靴下を脱いだり履いたりした時のことを周囲のことも細かく思い出しながら靴下なしで再現する。

しぐさの再現は、高度な作業だ。視線はわかりやすいヒントとして提示したが、細かく見ていくと、靴下を取りに行ったり、脱いだ靴下を洗濯かごに入れたりするまでの歩き方、着脱前後の靴下をどのように扱うか、動作の際の呼吸など、再現すべきことは限りなくある。ハイレベルな再現には、精緻なチェックが必要である。

大事なのは、しぐさ一つ一つを追うことではない。昨晩靴下を脱いだとき自分がどのような状況にあったかを鮮明に再現することだ。視線や手足の動きを個別に思い出すのではなく、五感を刺激したものを可能なかぎり甦《よみがえ》らせるのである。部屋の壁の色、照明の具合、部屋の匂い、聞こえていた音、床の感触といったものだ。さらに、その時の体調や気分、会話を交わしていたのならその内容まで思い出す。

日常の靴下着脱の際、私たちはそれほど意識的に生きていない。「ぼうっと」何の気なしに過ごしている。その時間を、ここではせいいっぱい具体化する。仮想空間の中で靴下を履き、脱ぐ。これは立派な演技だ。稽古場や教室やワークショップの会場で、自宅の一室という場所や時間を、すなわちフィクションの世界を想像力を手がかりにして生きようとしているからだ。舞台上やカメラの前で俳優が集中しているのは、こうした作業の延長なのである。

よくお客様から「俳優さんは多くの人の前で、なぜ緊張しないの？」と質問を受ける。俳優も人間。もちろん緊張する。また、俳優を志す人にはシャイなタイプも多い。そんな人が舞台上で平然とふるまっているように見えるのはなぜか。妄想の世界を想定し、その中で生きることに集中しているからだ。

観客が気になって緊張する、というのは十分に妄想に身を浸していない状態である。俳優としては怠けている。俳優は虚構の生理状態の厳密な創造・再現に没頭する。客席のことは当然意識しているが、必要以上に注意を向けるほど妄想に生きることはたやすくない。

重要な人と会ったり話したりする時は、誰でも緊張するものだ。特に、上がり性の人は日常でも緊張のあまり、どぎまぎしてしまう。「妄想」というには大げさかもしれないが、相手に話そうと思っている内容そのものに、もっと注意を傾けるべきではないだろうか。うろたえていることに気をまわして改善しようとしても事態は変わらない。むしろ、ひどくなる可能性すらある。話す内容に集中すれば、徐々に慌てなくなる。

身体を発掘する

ところで、初めて自力で靴下を履いた日のことを覚えているだろうか。それまでは親に履かせてもらっていたのが、ある日、自分で履けるようになる。周囲の喜びを通じて、大きな感動があったに違いない。だが、私たちはそのことを忘れている。

それは先ほど述べた「無意識化」と関係がある。無意識化の過程で、そうした感動も一緒に意識下に忘却してしまうのだ。靴下に限らない。しぐさのたびに、自力でできるようになった日の感動を新たにしていたら、生活に支障をきたす。しぐさとともに、それにまつわる感動も封印して無意識化することで、人類はより複雑な作業を可能に、そして効率的にしてきた。

私たちの身体は、実は無数の感動の堆積だと言える。自分の感動のみならず、周囲の期待や祝福や祈りも含んだ記憶の宝庫だ。このトレーニングの目的は、自分の身体の歴史を掘り返し、埋もれた感覚を再確認して、それらに関わる心の動きを思い起こすことにある。発掘を通じた身体の歴史との対話だと言ってよい。

身体への感動は実在感の基礎であり、尊厳もそこから生まれる。その感動を忘却することは、自己の喪失感、ひいては他者への思いやりや周囲への無配慮につながる。高度で複雑な作業をこなすように、私たちは無意識化を、それこそ無意識に進めているが、時にそれを思い出さないと、身体の捉え方が「効率最優先」の一面的なものになる。

私には、掘り出された身体の歴史も「幽霊」の一つだと感じられる。常に気にとめておく必要はないが、折々に思い返し、自分を多面的に捉え直すのは、心の健康を保つ上でも役に立つ。

第五章　《歩行》と《寝返り》

歩行はしつけられたもの

卒業式の壇上で証書を受け取るために歩く際、緊張のあまり右手と右足が同時に出た、といった経験はないだろうか。当人はうわの空で気づかない。笑われ、指摘されても自覚できない。はたから見ると、どうして気づかないのか不思議に思うほど不自然な歩き方だ。晴れの舞台、そして衆人環視の特殊な精神状態で、まさに「心ここにあらず」。身体を意識する余裕などないのだろう。

日常的で当たり前だと思われる動きも、改めて人に見られると混乱し、ちぐはぐになる。大学やワークショップの現場でも、受講者に歩いてもらうと同じことが起こる。当然、「歩く」ことは「無意識化」されている。そうした動きを見直すために、同じ動作をふだんよりゆっくり行うという方法がある。

【トレーニング5－1：《歩行》】

ふだんの半分の速度で歩いてみる。

時間を倍かけるだけでなく、ビデオに撮って倍速で再生したらふだんの歩行になるよう心がける。

まず、ふだんどおり歩いてもらうと、あごを上げぎみの人、猫背の人、やけに上下する人など、さまざまな歩き方がある。しかし、右腕と右足が同時に出る、いわゆる「ナンバ歩き」の人はいない。一見ばらばらに見えて、私たちの歩き方には共通点がある。

このトレーニングも思うほど簡単ではない。身体のどのような動きが歩行を構成しているかなど、常日頃、意識することはないからだ。ほとんどの人が毎日、何らかの形で、無意識に歩いている。それだけ歩行というしぐさに埋もれているものも大きい。

一説によると、私たちの歩き方は、実は自然発生的なものではなく、「しつけられたもの」であるらしい。さらに言えば、私たちは「外国から輸入した歩き方」で歩いている。幼稚園や小学校では、今でも朝の集会や運動会に合わせて「行進」の練習をする。それが、この「しつけ」の正体だというのである。行進では、右足が前に出るとき、左腕が前に出て、右腕は後ろに行く。左足の時は逆だ。身体をねじる。だが、日本人がこの方法で歩くようになったのは、ほんの一五〇年ほど前のことにすぎないとも言われる。

それまでは、ほぼ腕はふらず、右足が出る時には、右半身がやや出て、左半身がやや引いた形になっていた。刀を扱う際、身体をねじってしまうと、振り下ろした時に自分の足を斬ってしまう。左に斬り下ろす時は左足を引き、右の時は右足を引く。農作業も同様で、鍬《くわ》は身体をねじらずに使う。現在のわれわれから見ると、ねじらずに歩いたり走ったりするのは身体の使い方として不自然な気がするが、まったく逆だという捉え方もあるのだ。

動物園でチンパンジーやゴリラなどヒト科の哺乳類が歩いているのを見ると、遠い祖先の二足歩行を想像するヒントになる。彼らは身体をねじらずに歩いている。

現在の歩き方は、明治維新の前後に「輸入」されたもののようだ。幕府をはじめ、各藩や、維新後の明治政府の、近代歩兵制度導入の際に入ってきた。輸出元のヨーロッパでも、近代的な軍制が敷かれるまでは歩く際に必ずしも身体をねじらなかった。銃を肩に乗せて行進する必要が出た際、隊列がナンバ歩きをしていると、銃が左右に揺れて、互いにぶつかったり、後ろの人を傷つけたりする危険がある。それでは不都合なので、身体をねじった歩き方が考案されたらしい。ねじることで上半身の向きを固定でき、銃が左右にぶれなくなる。明治維新前後、この歩行が導入された際には兵士がにわかになじめず、ひどく苦労したともいう。

歩行は全身運動であり、かつ無意識化されているものは微妙で複雑だ。その修正はなまなかなことではなかっただろう。われわれの先祖にとって、文明開化は残酷とも思える身体改造とともに導入された。つまり、私たちの歩行には、近代日本史が、さらに透ける形でヨーロッパの近代史が封印されていると考えることもできるのだ。維新後、富国強兵を国是とし、国民皆兵政策を進めた日本は、初等教育からこの軍事的な身体の所作訓練を取り入れた。「行進」、「縦列」、「横列」、「前へならえ」、「まわれ右」、「番号」、「気をつけ」、「休め」など、それは現在も残っている。

小学校の朝礼で先生の話を聞く際の「気をつけ」、「礼」、「休め」という号令を私は子供心に不思議に思っていた。「気をつけ」、「礼」はまだしも、「休め」と言われ、足を少し開いて手を後ろで組んでも休んだ気にはなれない。日差しの強い日などは、身体の弱い女の子が倒れることもしばしばあった。「休めていないじゃないか」と感じた。

「気をつけ」も「礼」も「休め」も、本来、軍隊で上官の話を聞く時の身体だ。いわゆる「体育座り」も同様である。尻を地面につけ、両足を揃えてひざを曲げ、両腕でそのひざを抱え込む。安定して楽な座り方だが、立って話している上官に対しては無防備だ。一方、両かかとを地面につけたましゃがむ、いわゆる「ヤンキー座り」は、すぐに立ち上がれて、危険に対応しやすい。体育座りのヤンキーは、さまにならない。そんな危機管理感覚では、ヤンキーを自任する資格はない。学校で教わったさりげないしぐさに軍隊の人間管理の考え方が織り込まれているというのは興味深い。

このような号令や訓練が今日まで残ったいきさつを私は知らない。学校は一定の人数の子供を管理しなければならず、それができないと責任を果たせない以上、何らかの管理手段が必要なのだろう。人の話を聞く時はきちんとした姿勢になる、という江戸時代の常識も色濃く影響していると思う。

翻《ひるがえ》って、ヨーロッパやアメリカの美術館や博物館に行くと、キュレーターや教師の話を「だらしなく」座って、時にはひじを床につき、横になって聞いている「行儀が悪い」児童の一団に出くわすことがある。脇にいる他の大人が注意するそぶりもない。また、ヨーロッパでプロや大学生の俳優を対象にワークショップをした際、スローモーションの歩行は驚くほどできなかった。これらを考え合わせると、江戸時代の行儀しつけから始まって、現代に至ってもなお日本の子供は他の国の子供に比べると身体的に窮屈なところに置かれているように感じる。海外の子供たちを「だらしない」、「行儀が悪い」と感じてしまう私自身、日本人の身体の捉え方が濃厚に刷り込まれているのだ。

《歩行》を分析する

さらに半分の速度、すなわち四分の一のスピードで歩く。

歩きながら、その時々で身体がどのようになっているかを細かく観察する。

一歩、右足を踏み出す。その瞬間、身体はどのようになっているだろうか。輸入された、軍隊由来の歩き方ではあるが、現代人の歩行に美学を見出すとしたら、どう見つめ直せばよいだろうか。

少し細かく分析してみよう。

まず右足は、かかとから着地する。ゆっくり歩くと、つま先から着地してしまう人がいるが、ふだんの歩行はかかとからつく。わからなくなったら、通常のスピードで確認すればよい。バレエダンサーはつま先からつけるが、バレエの美学に従って、あえてそう歩いている。

左腕は前に、右腕は後ろにある。身体はねじれる。足が着地する瞬間、腕の指先は最も前に来ている。左腕は右足の着地以降、それより前には行かずに後ろに行く。反対の右腕は前にふられる。その瞬間、左足はかかとが浮いている。前の足が着地した瞬間、後ろの足のかかとは地面から離れている。これも通常のスピードで歩けば確認できる。ゆっくり歩く場合、その瞬間は身体が不安定になって、ぐらつく。

身体は徐々に前に移動し、両ひざが交差する瞬間、両腕も身体の脇で交差する。

その直前、後ろの左足のつま先が地面から離れる。つま先は地面から離れた瞬間は下を向いているが、次の着地までにかかとが下に来るように動く。

右腕が前に行くのと同時に左足は前に行き、着地した瞬間に両腕は一瞬止まる。そのとき、右足のかかとは地面から離れている。

腰の高さは変わらない。速度もほぼ一定だ。「歩く」という字は「少し止まる」と書く。足が交差する瞬間、腰の速度は少しゆるむ。

こうして見ていくと、私たちの歩行が非常に複雑な動きで組み立てられているのがわかる。立ち止まっているところから歩き出し、時に走って、さらに止まる。ぎこちなさを残したロボットの歩き方に歩行の原型を見つけて、私たちは感心し、感動するが、はるかに複雑な動きをなめらかに、時に優雅にこなしているのが私たちの身体だ。ロボットに感心するのもよいが、自分たちに感動することを忘れてはならない。

実際にこれらの動きを、胸を張り、あごを引いて、視線は目の高さ前方に固定し、腕のふりを前後三〇度ほどに設定して歩くと、現代人の標準的な美しい歩き方になる。私はこの歩行を現代演劇の美学の一つの基準と考えている。

編集のきく映像と違い、舞台の登退場はほぼすべて歩行で行われる。舞台上の移動も、さまざまな歩行のバリエーションだ。歩き方一つで登場人物の感情や、置かれている状況、人格（キャラクター）が表現される。先述のバレエのように、舞台の様式を表すことにもつながる。能楽の「すり足」や歌舞伎の「飛び六方《ろっぽう》」は目にしたことがあるかもしれない。表現者がこの空間や世界をどう捉えているかを表明する、重要な表現要素である。そういうわけで舞台人は歩行を重視し、緻密で繊細な稽古を行う。

日常ではどうか。陽気な時と陰鬱な時では歩き方が違う。うきうきした気分の時に「とぼとぼと」は歩かない。ヘコんだ時にスキップはしない。「肩で風を切る」ように歩く時と「抜き足差し足」の時では状況が違う。

余裕のある早い時間に家を出て、ゆったりと出勤していたら、突然重要な会議があったことを思い出し、どぎまぎして会社まで急いで走ったが、遅刻して会議室にこっそりと入る。

この場合、「ゆったりと」、「どぎまぎして」、「急いで」、「こっそりと」——四種類の歩き方を使い分けている。生活に密着しすぎていて気づかないが、歩行は私たちの心理や境遇を如実に表現している。舞台上の様式は、そうした日常を加工・デフォルメしたものであって、日常の観察が基本だ。日常のしぐさへの関心を高めると、表現を受け取る感性を鋭くすることができる。

変わりゆく風景

ある会場で《靴下の着脱》のトレーニングを行っていた際、立てひざの受講者がいた。履くほうの足のひざを立て、反対の足はお尻の下に折っている。いわば正座から片ひざを立てた姿だ。

「どうしてそんな履き方をするんですか？」と尋ねると「ウチでしつけられました」と言う。若い女性だ。他の受講者は、椅子やソファに腰かけ、あるいは床に座って履く人が多い。中にはベッドで横になったまま着脱するずぼらなメンバーもいる。そんな中、立てひざは目を引く。その時は、そんな家もあるのか、と聞き流したが、あとでこれは足袋《たび》の履き方ではないかと思い返した。今でこそめずらしい履き方だが、戦前、つまり和服が日常着だった頃は、おそらくどの家庭でも見られた当たり前のしぐさ、風景だっただろう。

私はある種の感慨に打たれた。まず、この一〇〇年あまりの社会の変容の大きさである。身につける足袋が靴下に、和服が洋服に変わっただけでなく、それらを取り巻く幾多の、というか大半の要素が劇的に変化し、いつしかこのしぐさを風変わりなものに追いやったのだ。足袋の時代、お尻を床について履くのは無作法だったであろう。袴《はかま》をつけない女性の場合、家族から特に強く注意されたに違いない。現代のような個室など稀で、親戚も含めて三世代の同居は当たり前だった。今よりもはるかに互いのしぐさを見られる環境だったのだ。私たちはいつのまにか、家族の前で足袋を、今なら靴下を履かない民族になっている。しぐさは、はかない。

同時代にありふれているしぐさほど、時代を隔てると残りにくいのかもしれない。たかだか足袋のこと、歩き方のことではあるが、いや、そうであるからこそ、はかないという思いを強くする。しぐさは日常の中で、さまざまな視線にさらされ、洗練される。機能性と同時に、美学も反映する。

私たちが歌舞伎を見るとき、江戸時代のしぐさの美学を様式としてたっぷり味わうことができる。それは江戸文化の光彩だ。舞台芸術がたたえる豊かさの重要な一部である。当時の演劇人が同時代人のしぐさから抽出した動きの質の高さに驚嘆し、同じ演劇人として敬意と誇りを感じる。足袋の履き方やナンバの歩き方のように、社会が「無意識化」したものを「幽霊」として呼び起こす動きが伝統芸能にはある。演劇はそういう機能ももっている。同時代のしぐさに美学を発見するのが演劇人の使命なのだ。

《寝返り》

日常よりスピードを落としてしぐさを再現するのは、動きの再確認には効果的である。ワークショップでも、たびたび行っている。

たとえば「立つ」、「座る」。基本的な動きだが、ゆっくりと立ち上がり、座ると、歩行と同じように、動きを把握していなかったことに気づく。それらは下半身だけで行われていると思い込んでいる人が多い。やってみればわかるが、上半身から動き出し、体重のバランスを調節しつつ、なめらかに動いている。

食事の際の碗《わん》や箸の持ち方、動かし方、食べ物の嚙み方。包丁で材料を切り、火に鍋をかける動き。ドアやふすまの開閉など、思いつくだけでも私たちは日々さまざまな動きをこなしている。それらの確認も「立つ」、「座る」と同様、発見に満ちている。

【トレーニング5－2：《寝返り》】

横になって、ふだんの半分のスピードで寝返りを打ってみる。

さて、日常的でありながら、タイプの違う動きが「寝返り」だ。どの点で違うかといえば、寝返りはしつけられたしぐさではない。それは本能に近く、文化による差異がほとんどない。気候や時代によって寝具や夜着の違いはあるだろうが、私たちはおそらく他の民族や先祖と同じように寝返りを打っている。

この動きを観察する際のポイントを三つ挙げよう。

(1)どこから動き出すか。
(2)反対側に最初に着地するのは身体のどの部分か。
(3)空中でひじやひざの軌跡はどうなっているか。

(1)どこから動き出すか。結論から言うと、人によって、寝返り方によって違う。観察を緻密にするため、トレーニングの際は一つの寝返り方を繰り返す。最初に動くのは足かもしれないし、首や肩かもしれない。だいたいこのあたり、といった観察ではなく、可能なら動き出しの場所を特定する。その動きが次に身体のどの部分に伝わり、身体の向きを変えるに至るのか。同じ動きを何度か行い、それを感じ、味わう。

(2)次に、身体の向きが変わって、反対側に最初につくのは、どの部分か。ひじや手、ひざや足、顔など、これもさまざまな可能性が考えられる。手であれば、どの部分か。ベッドや敷布団ではわかりにくいが、硬めの床なら、細かい着地点まで探ることができる。小指だったとして、つけ根なのか、関節なのか。着地点がどう広がるかも合わせて観察する。

(3)ひじやひざの軌跡もじっくり見ていく。弧を描くのか、それとも身体に沿って複雑に動くのか。何度か見直さないと、正確な軌跡は再現できない。

観察に熱中するあまり、呼吸が止まっていないだろうか。スピードが半分の場合には、呼吸も倍の時間かけて行う。

注意深い観察者なら、作業の過程で身体に走る微弱な感触を捉えることができる。ちょっとした驚きだろう。身体が動き出すと、それまでの姿勢が抱えていた緊張感が解消される感触だ。寝返りは血液やリンパ液など体液の循環を促し、体温の上昇を抑え、筋肉の伸縮を行っている。自力で寝返りが打てなくなると、床ずれが起こる。寝返りは意志とは関係なく、身体の必要性から発生する。他の動作と違って、身体が動きたがっている動きだ。私たちは意識によって身体をコントロールできると勘違いしているが、寝返りは最後まで意識の支配にはくみさない。いわば「無意識への入口」だ。この動きから身体が感じる感覚を意識できるようになれば、身体との対話はさらに深いものになる。

第六章　さて、「演劇」とは何だろうか？

《手つなぎ歌》

演劇を机上で定義するなら辞書に従えばよい。「作者の仕組んだ筋書（戯曲・台本）にもとづき、俳優（演者）が舞台の上で言葉（台詞）・動作によって物語・人物また思想・感情などを表現して観客に見せる総合芸術」（『広辞苑』）、「観客を前に、俳優が舞台で身ぶりやセリフで物語や人物などを形象化し、演じて見せる芸術」（『大辞泉』）。当然、味気ない。せっかく演劇の現場にいるのだ。舞台上の具体的な材料を元に、演劇を「演劇的に」定義できないだろうか。素材は「これは演劇か、そうでないか」の判断が分かれるものにしたい。

紹介するのは《手つなぎ歌》。ルールは簡単だ。受講メンバーから二人を選び、皆の前で立ったまま向かい合って、握手してもらう。他のメンバーは観客になる。二人は握手したまま、合図とともに歌を歌う。歌は何でもよいが、別々の歌にする。思いつかなければ、母校の校歌でも、「君が代」でもよい。その場で作詞・作曲した歌でもかまわない。相手の顔から目を逸らさず、相手の口に自分の歌を放り込むように歌う。

先に歌えなくなったほうが負け。負ける理由は、いくつかある。相手の歌に笑ってしまう、圧倒されて口ごもってしまう、視線を外してしまう、歌い終わって次の歌が出てこずに沈黙してしまう……。これを勝敗がつくまでやる。

片方の声が極端に小さく、相手の声ばかり響いている場合には、大きな声に軍配を上げる。たいていは短い時間で決着がつくが、勝ち抜き戦にすると伯仲する闘いが現れる。聴きごたえのある歌が両者によって歌われ、にわかに勝敗がつかない。膠着状態に陥った場合は、相撲よろしく「水入り」にする。そして、それぞれにもう少し趣向をこらすように伝える。「変化をつけて」と言うのだ。歌を変える、歌う調子を変える、握手している腕が相手をふりまわさない範囲で歌に合わせて身体を動かす……方法は何でもあり。対戦相手の集中が途切れればよい。歌っている人たちには膠着状態を放置しないよう注意する。

「水入り」後には変化が訪れる。大声から急に小声になり、また大声に戻ったり、次から次へと歌を変えたり、妙なふりで当人も予期していなかった妖《あや》しい雰囲気が醸《かも》し出されることもある。もちろん、客席は大喜び。また、それが原因で自滅する人もいる。それはそれでよい。勝敗はあくまでも一つの通過点にすぎない。

ディベート開始

勝ち抜き戦が終わったところで、全員に尋ねる。「今のは、はたして演劇でしょうか?」

メンバーは二手に分かれる。「演劇である」グループと、「演劇ではない」グループ。迷っても、どちらかに入る。それぞれの主張を聞いていこう。

まず「演劇ではない」グループ、つまり「非演劇派」から。さまざまな意見が出るが、集約すると以下のようになる。
(1)出てきた人が「役」になっていない。
(2)ただ歌っていただけで、セリフがない。
(3)ストーリーがない。
(4)テーマがない。
(5)コントであって演劇とは呼べない。笑いはあったが、それ以上のものはなかった。

(1)の「出てきた人が『役』になっていない」という見解。歌っていたメンバーは「素」ではないか、というのだ。演技とは自分ではない何者かに「化ける」ことだ。だから、何者にもなっていないこの状態を演技とは呼べない。

それに対して「演劇派」は、「『素』ではなかった」と応える。何に化けていたのかは明確でないが、少なくとも歌っているメンバーには、ふだんと違った緊張感が見られた。そういう「役」になっていた、と考えることができるのではないか。

期せずして「役」とか「化ける」とか「演技」といった、演劇の本質的な課題をめぐる議論が起こる。台本の読合せをしている時には、おいそれと出てこないディスカッションだ。

先ほどの議論に私も口をはさむ。先に「演劇派」に対して。確かに「素」ではなかった。けれども、日常でも酔っぱらったり、調子に乗ったり、いわゆる「悪ノリ」で、あの程度のふるまいはないだろうか。「それは演技と呼べる？」

次に「非演劇派」には、何者にもなっていなかったと断定できるのか、と問う。人によっては、歌手の物真似として見事なものもあった。「あれは『化けている』とは言えないでしょうか?」判断は一人一人に委ねられる。「あれは『素』で『化けていない』。したがって、演劇ではない」という結論でも、「あれは『素』ではなく『化けている』。だから、演劇だ」でもよい。どちらかに誘導したいわけではない。それより、「で、その結論の根拠は?」と自問してほしいのだ。常識を根拠に安易に結論を手にすると、演劇はつまらなくなる。

「素」だと演劇ではないのか。「化けている」とは厳密にはどんな状態を言うのか。

「素である」、「化けている」は簡単には断定できない。たった今終えたばかりの《手つなぎ歌》の間だけでも、相当広いグラデーションの中に「素」や「化けた」状態がちらばっていた。——演劇と付き合うのは、そうした厄介な要素を扱うことだ。だからこそ、面白い。私たちが相手にしているのは、スパッと割り切れるようなものではないのだ。

セリフをめぐって

次に、(2)の「ただ歌っていただけで、セリフがない」という異議。「非演劇派」は、こう言う。歌い合っていただけで、歌のやり取りそのものには言語的会話の要素がない。双方に歌詞はあった。けれども、それが会話として機能していなかった。

私は「演劇派」に問う。「セリフはなかったですか?」——しばらくの沈黙ののち、「歌詞はセリフと考えられる」という意見が出る。「どうして? 会話になっていましたか?」「ふつうの会話ではなかったけれど、互いに何かを伝えようとしていました」。

この見解も、かなり根本的なところを突いている。つまり、「セリフとは、どこまで意味が通じなければならないのか」という問題だ。すべてのセリフが何の誤解もなく相手役や客席に伝わるのであれば、会話劇は成立しないし、必要もない。私たちの「会話」や「言葉」の性格を考えれば、わかることだ。人間の意思疎通の多くは会話や文章、すなわち言葉を通して行われるが、内容はしばしば食い違い、誤解を生み、矛盾をはらむ。思いがけない勘違いもあれば、あえて曖昧にぼかすこともある。そのような場所に、ドラマは好んで宿るのだ。

だとすれば、歌詞の意味がセリフとして機能していなかったとしてもかまわないことになる。歌う相手の集中力を削ぐため、対戦者の口に歌を放り込もうとする互いの意志は、歌詞をともなう歌によって、きわめて明確に伝わっていたのだから。意志のやり取りは確実に存在していた。

異言語を話す人々がそれぞれの自国語で会話し合っていたとしよう。それでも、ある程度の意思疎通は可能だ。言語は理解できないが、顔の表情や身ぶり手ぶり、声の大小・強弱・高低などを通じて、気持ちのやり取りが行われる。仮にその会話を台本にした場合、それをセリフとは呼ばないのだろうか。

さて、ここで「パントマイムは演劇ではないのですか?」という疑問が呈される。

「どう思いますか?」パントマイムは声を発さない。セリフもない。これは演劇だろうか。「演劇はどこからどこまでを指すんだろう?」――ぜひ考えてもらいたい疑問だ。今、自分たちが取り組んでいるものだけが演劇だ、という狭い思い込みの中で創作活動に向き合うのはつまらない。

パントマイムは「非演劇派」から見ても「演劇」と認定できる様子である。見慣れたお芝居にパントマイム的な場面が挿入されていることもある。専門的な立場から言えば、パントマイムは立派な演劇だ。ならば、セリフとは何か。声に出すセリフがなくても演劇への認定が可能なのであれば、「セリフがない」という理由で《手つなぎ歌》を演劇から排除するのは難しい。

話し合いが進むにつれて徐々に全員の気づくところとなるが、ある事柄を否定した瞬間、否定した本人の演劇観があぶり出される。「役」がなければ演劇ではない、という主張をする人は、どうやら台本に書かれたダレソレという「役」を必須と考えている。同様に、「セリフがないものは演劇ではない」と考える人は、台本がないと「演劇」とは捉えづらいのだ。

パントマイムとは別に、「即興劇」というジャンルがある。細かい筋の進行をあえて考慮せず、即興的に行われる演劇だ。本番を行う場合もあるし、シーン作りや俳優養成の一環としても広く取り入れられている。《手つなぎ歌》は即興劇の一例と考えることも可能だ。いろいろな方法や形態がある。セリフがない、役が曖昧というものもある。かといって、即興劇に演劇の楽しみや喜びがない、ということはまったくない。台本を用いて作るものとは別の面白さに満ちている。

即興はその場でいきなり演じられるため、俳優のリアルな心の動きが見えやすい。嘘のない声や身体の表情が導き出されることも多い。観客に見られる緊張感も加味されて、集中力の高い魅力的な空間が現出する。

一般に、台本で進める稽古の場合、まず台本解釈が必須だ。台本が包含する多彩な読み方のうち、どれを選ぶのか。それによって作品はどのような意味をもつのか。その解釈に沿った演技は可能か、という面倒な問題も出てくる。さらにその先で、同じ場面を何度も稽古するうちに、最初あった生々しい感覚が摩耗する危険もある。現場はそうならないように努力するが、リフレッシュのために即興劇的な稽古を取り入れることはよくある。

近代演劇の遺産

「非演劇派」からの意見として、他に、(3)ストーリーがない、(4)テーマがない、(5)コントであって演劇とは呼べない、が残る。

(3)の「ストーリー」とは何か。「物語」、「起承転結」と言うなら、「起」二人が手をつなぐ、「承」歌い始める、「転」どちらかが勝つ、「結」勝敗が告げられ、二人が手を離す。――ストーリーとしての魅力は別として、そう説明することはできる。だが、納得がいかない様子だ。《手つなぎ歌》に何が描かれているのか、と言いたいのだろう。つまり、(4)の「テーマ」である。

では、「人間って面白い。いろいろな人がいて楽しい！」というテーマはどうか。これも了解しづらいようだ。

この意見の背景には、「人間の理不尽が露呈」したり「社会変革へのメッセージが盛り込まれて」いたりすることこそがテーマである、という固定観念が見え隠れする。近代以降、演劇は人間や社会の不合理や矛盾を暴露し、追及して、その先にある絶望やそれを克服する理想を描くことを大きな役割にしてきた。もちろん、現在も演劇のそうした側面は濃厚に残っている。そこに豊富な〈演劇的教養〉がたたえられていることにもまったく異論はない。だが、だからといって演劇の概念をその中にとどめておくのでは、演劇の魅力から目を背《そむ》けることになるのではないだろうか。演劇はさまざまな表現が可能だ。可能性は広がってよい。

(5)の「コントであって演劇とは呼べない。笑いはあったが、それ以上のものはなかった」という意見。意外なことに、社会人や大学生、高校生を対象にして《手つなぎ歌》をやると、この指摘がよく出てくる。もしかすると、笑いを目的としているものは演劇とは呼べない、という考え方が日本全国に流布している演劇観なのかもしれない。「演劇」と聞くと、何かしかつめらしい、難しいもの、と感じている人は多い。その裏返しなのだろう。

では、《手つなぎ歌》は本当にただ笑いを提供した空間にすぎなかったのだろうか。注意深く観察すれば、笑い以外にも人間のさまざまな内面や様相があの時間に横溢していたことに気づく。初対面に近いメンバーが、皆の前で、半ば強制的に手をつながされる。皆に見られる恥ずかしさと、何が起こるのか分からない不安、手を握る両者の戸惑いが見える。羞恥心を振り払おうとする心の動きも見て取れる。私などは、こうした偽りのないリアルな人間の表情を見るだけでワクワクする。

何よりぜいたくなのは、日常では当事者でもないかぎり、そうした生々しい表情を直視する機会はめったに訪れないからだ。たとえあっても、直視を遠慮することも多い。だが、ここでは、心おきなく、新鮮な体験に打ち震えている人々の表情を注視することが許されるのだ。たとえば、以下のようなな。

「命がかかる大勝負ではないが、勝敗の行方は気になる。勝ちたい。客席の期待を感じる。何を歌おう？　しっかり歌えるか？　声が出るか心配だ。なるようになれ、と歌い出す。優勢か劣勢か、わからない。客席の視線を強く感じる。こんなに長い時間、他人と目を合わせたことは今までなかった。見つめている目や顔、そして握っている手から、相手の緊張や焦燥や自信が伝わってくる。自分の顔も同じように何かを伝えているのか？　そんな考えが一瞬、頭をよぎる。必死に歌う。偶然すっとんきょうな声が出たのが客席でウケている。勝った！　うれしい。相手が気の毒な気もする。手のひらに思いがけないほど汗をかいている」。

客席の大きな反応は、確かに「笑い」だった。しかし、私は歌い手たちのふだんあまり味わわない緊張感を見た。動揺を浮かべる様子、必死の形相、刻々と変わる自信と不安、曲の切れ目に訪れる一瞬の戸惑い、思案と次の歌へ移行する意志、勝った時の喜びや負けた無念さ、そして終わったあとの解放感も見て、味わった。また、歌い手に感情移入する客席も感じることができた。聞きごたえのあるセリフも、うなるようなテーマもなかったが、私はそこに演劇の魅力を十分に感じ取ったのだ。

私の定義

演劇の定義は人それぞれ。人から押しつけられるものではない。この議論でかえって混乱し、捉えどころがなくなったのだとしたら、それは悪いことではない。演劇の概念を本格的に考え始めた証拠だ。参考として、私の考え方をお伝えしておく（あくまで目安の一つにすぎない）。

まず、《手つなぎ歌》は私にとって「演劇」と呼べるものだったか。――「呼べる瞬間もあったし、呼べない時間もあった」。

私は、以下の三要件が揃えば、それを「演劇」と呼ぼうと思っている。

(1)観客、(2)ルール、(3)集中。

《手つなぎ歌》には、(1)「観客」がいた。そして、観客がいることは、それが「ライブ（生）である」という条件を言外に含む。つまり、《手つなぎ歌》のテレビ中継を見るのは「演劇」とは考えない。また、もし観客の存在していない部屋で、二人の人間が見つめ合い、手をつないで別々の歌を歌っていたら、それは少々風変わりな愛情表現か、何かの儀式だろう。それも「演劇」とは呼ばない。

(2)の「ルール」。この場で何が行われるのかについての出演者とスタッフ、つまり当事者間の了解だ。ここでは「相手の口に自分の歌を放り込むつもりで、どちらかが途切れるまで歌い続ける。そして、勝敗をつける」というものだった。

(3)は、観客に見られている二人がルールに「集中」していたか。二人が勝負にこだわり、歌ってい た時間、膠着状態に安住せず、歌を仕掛け合っていた空間は、勝敗に関係なく、見ていて心躍った し、客席も熱くなった。しかし、両者あるいは片方が、恥ずかしがって歌い出そうとしなかったり、途中で勝負を放棄したりした時は、「演劇」とは思えなかった。

ちょっと待ってくれ、という異議が出てきそうだ。その三要件があれば「演劇」なら、スポーツも「演劇」ということになる。プロ野球でも、プロサッカーでも、いや、草野球でも、部活の練習試合でも、観客がいれば、それは「演劇」と呼べるのか。

それらもまず「演劇」だと捉えてみよう、というのが私の提案だ。野球やサッカーは言うに及ばず、スポーツには必ず「ルール」がある。そして試合に際して、選手は「集中」している。「観客」が揃っているなら「演劇」と言ってよい。違和感がともなうなら「演劇的なモノ」と言い換えてもよい。「スポーツ」は中期英語の“disport”(気晴らし、楽しみ、遊ぶ)が変化した言葉だ。“disport”は古代フランス語“desporter”(気晴らしをする)に由来する。元はラテン語の“deportare”(気晴らしをする)である。「〈演劇的教養〉とは何か」の「再構成と調整」で述べたように、“play”に「遊び」と「演劇」の両義があることを考えると、スポーツはその発生からして「演劇」と共通する部分がある。スポーツのみならず、音楽会でも講演でも、私には「演劇」に思える。「演劇」として見ることができる。

そば屋の店先のガラス張りの部屋で職人さんが麺を打っているのを見ていたら、それは「演劇」

か。——「演劇」だ。眺める「観客」、麺打ちの「ルール」、職人の「集中」。揃っている。

隣の家の改築のため、大工が庭先で木材にカンナをかけている。大工仕事が好きで眺めていた。——もちろん「演劇」だ。カンナがけの「ルール」、大工の「集中」。十分だ。

家の台所で母親が味噌汁を作っているのを見ていた。——もうおわかりだろう。「演劇」である。味噌汁作りの「ルール」、母の「集中」。足りている。

世界は「演劇的なモノ」で満ちている。

制限を追加してみる

では、「演劇的なモノ」と一般の「演劇」観とのずれは、どこから生じているのだろうか。最後にそれを考えてみよう。

一般の演劇観に近づけるため、三要件に新たな制約を加えてみる。「勝ち負けをつけない」を追加すると、どうなるか。まず、《手つなぎ歌》は「演劇」でなくなる。スポーツも勝敗を競うから範疇から消える。また「有料」という条件を持ち出すと、そば屋、大工、母親も外れる。そば屋に入って食事をすれば、料金を支払う。しかし、そば打ちだけで代金を請求されたら不本意だろう。そば打ちを見せるのは店のための品質保証の無料デモンストレーションである。だが、もし見ているだけでほれぼれし、驚嘆して対価を払いたくなる麺打ちなら、それは「演劇」と呼んで差し支えない。

「同じことが繰り返せる」という制限はどうだろうか。「繰り返すとは何か」をめぐって議論が起こるだろう。即興劇の場合、俳優が毎回発する言葉や動き、進行具合は違うから、「繰り返している」とは言いがたい。だから「演劇ではない」ということになりそうだが、それほど単純ではない。

台本の芝居でも、同じ演目でロングラン公演する場合、全日全公演まったく同じ印象ということはありえない。演じ手が同じことをしても、客席の反応は毎回違う。客層、天気、時間……さまざまな要因が考えられる。体験的には、客席は毎回びっくりするほど異なる。

一方、演者も全回同じということはない。俳優は生き物だ。齢を重ね、老けていく部分もあり、バイオリズムで調子のいい時も悪い時もある。また、観客の反応を見て、演出家や共演者と相談し、時には独断で演技を変える可能性もある。「繰り返す」といっても、かなりの濃淡がある。台本から作る場合、あらすじや主要な登場人物の関係まで変わることはないから、それを「繰り返し」のラインと考えてもいい。即興劇の場合、始め方は繰り返せても、終わり方は毎回違う。ただ、毎回違うことを当事者はすでに想定しており、その範囲で終わりを迎えるので、一種の「繰り返し」と考えることもできる。いずれにしても、一般に思われているほど舞台上で同じことが繰り返されているわけではないのだ。

制限を加えることで、一般常識の「演劇」の概念に近づいていく。表現に携わるなら、定義を考えることは重要だ。創作は、それまで不文律的に、あるいは明確に規定されてきた制約や約束事を飛び越えたり除外したりして新しくなってきた。それまでもっていた概念が広がったり変わったりすることには大きな興奮がともなう。それが表現者の喜びであり、特権なのだ。

実践編

《ものまね》『電車のおばちゃん』

第一章 《ストリップ》

「まずやってみましょう」

簡単な設定やルールを決め、参加者の即興で進める稽古を「フリーエチュード」と呼ぶ。《漫才》や《手つなぎ歌》や、この《ストリップ》のように、すでにルールが決まっているものもあれば、稽古が進む中で新たに生み出されるものもある。いずれにせよ、試行錯誤の連続だ。その際、大事なのは「とりあえず試してみる」、「四の五の言わずにやってみる」という心構え。あれこれ考えて躊躇していても、何も生まれない。失敗しても、命の危険にさらされるわけでも、経済的な損失をこうむるわけでもない。多少恥ずかしい思いをすることはあるが、「面白い空間に出会いたい」という目的に沿った試みの一環だ。パイオニアの勲章と誇ればいい。往々にして、失敗は次の段階に進むための大きなヒントになる。ルールや設定を修正・変更するきっかけになるし、別のメンバーが次に取り組む上で参考になる。次から次へとフリーエチュードをこなしていくことで、演劇的な機動力・体力が飛躍的に向上する。

私の所属する集団では、何千というフリーエチュードを試し、成果のあったものは本番の材料にしてきた。やったことのない、どう取り組めばよいのかわからない課題を前にすれば、人は逡巡《しゅんじゅん》する。けれども、稽古場では初出案件に大胆に挑戦するメンバーにこそ価値がある。それがさまざまな魅力的な発見につながるからだ。また、そのことがわかってくると、引っ込み思案だった顔ぶれも徐々に積極的になる。大げさに言えば、世界への対し方がポジティブになる。これもまた重要な〈演劇的教養〉である。

＊

《ストリップ》は、ある程度の人数が揃ったとき、男女それぞれ一〇人ずつくらい、あるいはそれ以上いると盛り上がる。

「ストリップをやります」と告げると、たいていのメンバーはたじろぐ。「服を脱ぐんですか？」「脱ぎません。でも、発情してもらいます」。動揺が広がる。やりたくない、という空気。

それまでのトレーニングで何人かに目をつけておいた。「得体の知れないものに果敢に飛び込んでいく」タイプ。「目立たないが芯がしっかりしていそうな」タイプ。「この集団の人気者にはなれそうにない」タイプ。その人たちを指名する。彼らが「ストリッパー」になる。

まず女性の「ストリッパー」に登場してもらう。先ほどの「得体の知れないものに果敢に飛び込んでいく」タイプだ。いわば切り込み隊長。「フリーエチュード」を進める上では欠くことができない。——「まずやってみましょう」。

男性メンバー全員には、できるだけ狭い場所に集まり、同じ方向を向いてぎっしりと座ってもらう。その前方をホワイトボードなどで仕切り、小さなステージと舞台袖にする。男性は「ストリップを見に来た観客」の役だ。他の女性は役のない状態で、男性の脇や後ろから見物してもらう。

「女性ストリッパー」と「観客」に説明する。ストリップは「剝ぎ取る」とか「取り除く」という意味の英語。女性が人前で裸になり、観客が興奮して喜ぶ「ストリップショー」も指す。女性が下着を脱ぎ、胸を出して踊るだけでなく、男性ダンサーが女性の観客の前で脱ぐものもある。「今回、彼女には下着を脱ぐのではなく、彼女のひじの内側を見せてもらいます。男性は観客として女性のひじの内側が見えたら興奮して喜んでください」。皆、少し安心した様子。「女性ストリッパー」には、いったん舞台袖に引っ込んでもらい、片方のひじだけでなく両方とも隠して出てくるように伝える。

「まもなく出てくるから、期待でワクワクしてください」と要請すると、男性たちは、はじめは照れているが、やがて「早く出てこい」、「〇〇ちゃ～ん」と女性を待望する興奮ぎみの演技を始める。

「それでは、登場していただきましょう。〇〇さん、どうぞ」。ストリッパーが腕組みのように両ひじをそれぞれ反対の手で隠しながら出てくる。「ワーッ」、観客が反応。そのリアクションにひるんだのか、女性は左腕を伸ばし、左ひじの内側を右手が隠す状態になる。男性の期待が高まる。ストリッパーはすぐに右手を外して、左ひじを見せてしまう。「いいぞ」。熱気が高まる。臆面のない男性の欲望に驚いてか、女性は右ひじもすぐに開く。「フュー」、観客は歓声をあげ、一人目のステージは思っていたよりあっさり終わる。

ストリッパー役の女性に感想を聞く。「どうでした?」「怖かった」。皆、笑う。しかし、確かにそうだ。たくさんの異性が自分に、自分の身体に向かって、むきだしの欲望をぶつけてくる状態は、アイドルでもないかぎり体験することはなかなかないだろう。

二人目

次に「目立たないが芯がしっかりしていそうな」タイプの女性を登場させる。同じように両ひじを隠して出るように伝え、二番手のショーが始まる。「△△さん、どうぞ」。客席が新たな期待に胸をふくらませる。「△△ちゃん」という呼び声が徐々に揃っていく。

二人目はなかなか出てこない。舞台袖になっているホワイトボードから右腕の先のほうを出す。客席から「オーッ」の声。しばらくすると、腕は引っ込む。再びゆっくりと右腕がひじの手前まで出てくる。が、これもまた引っ込む。待ちきれない観客が拍手をしてダンサーの登場を促す。「我慢できないよ」、「何時間待たせるんだ」。勝手なヤジまで飛び出す。ようやく両ひじを押さえて△△さんが出てくる。歓声。彼女は慌てない。先ほどのステージを見て、学習したようだ。出てもすぐにひじを見せるような真似はせず、いや、そのそぶりさえ見せず、観客を無視するかのように狭い舞台の上をゆったりと円を描くように歩いている。やがて正面を向くと、しばし間を置いてニコッと笑い、「見たい？」と尋ねる。観客はたまらず「見たーい！」と叫ぶ。彼女や見物している女性メンバーも笑うが、叫んだ当人たちが興奮とおかしさの混沌の中でいちばん笑っている。

ダンサーは、再びゆっくりと舞台上を歩く。そして、また客席のほうを向くと、右腕を開いていく。客席は静まりかえる。右腕が伸びきる。右ひじの内側を覆っている左手さえとれれば見える。左手の指が一本ずつ波打つように動くが、肝心のひじの内側は見えない。ゆっくりとひじが閉じられる。観客からため息。それを見透かしたように、彼女は客席に背中を向け、舞台奥に向かって腕を下げていき、両ひじをさらす。客席には見えない。ため息はうめき声になる。ストリッパーは、ゆっくりと首だけこちらに振り向いたあと、すばやく腕を組んで客に向き直る。たまりかねて「見せろ」コールが起こる。手拍子も加わり、次第に早く強くなる。その連呼の中を△△さんは、隠した両ひじを胴体の前に掲げたまま、舞台前面を誇示するように歩く。そして、中央で直立し、客席を上目遣いに見る。コールがやむ。彼女は恥じらうように左腕をだらりと下げる。生唾を飲み込む音が聞こえそうだ。女性はひじの内側を覆っていた右手をやわらかく外す。

「ウオォー！」　ダンサーが今度は右手で左ひじを隠し、同じように左腕をゆったりと下ろしたあと、たっぷり間合いをとって右手を取り払い、左ひじをさらす。過熱した雄叫びが湧き起こる。彼女はいったん両ひじを少し曲げ、今度は思いきって胸を張り、両腕を伸ばして、両ひじの内側を客席に突き出す。客席の咆哮《ほうこう》はピークを迎える。

男性ストリッパー登場

観客の男性はぐったりしている。声を嗄《か》らしているメンバーもいる。今度は男女を入れ替えよう。三人目のストリッパーは男性。「この集団の人気者にはなれそうにない」タイプだ。観客は女性で、他の男性は見物にまわる。ストリッパーの××くんはメガネをかけているので、それを使う。××くんがメガネをかけたら、女性は熱狂する。男性アイドルに浴びせるような黄色い声を依頼する。

ストリッパーは舞台袖で待機。メガネを外して、どこかに隠しておくよう指示する。

「程なく、××くんが登場します、彼を待ち望む客席にしよう」。学習した女性観客たちは、期待でいっぱいの、ぞくぞくした雰囲気を作り出す。「××くーん」、「××！」というかけ声があちこちから飛ぶ。やがてその声が揃い、連呼に変わる「××！　××！」　テンポが最高潮に達したところで出るかと思ったが、思惑は外れる。連呼は徐々にやみ、ざわざわした雰囲気に戻る。

はかったように、ここでストリッパー登場。「キャー！」「××くーん、こっち向いて」。テレビでしか聞いたことがない女性の金切り声や嬌声がナマで響きわたる。会場全体が見物の男性たちが巻き起こした哄笑とない交ぜになって、異様な熱気に包まれる。手をふる女性たちの迫力に、××くんは及び腰になっているかもしれない。だが、今までのトライアルを見ているので、すぐにメガネを出したりはしない。ステージには椅子と本を用意した。舞台中央に椅子、本は座面に置いてある。

××くんは、大股で椅子の正面まで来ると、本を手にとり、椅子に腰かける。そして、両ひざに腕を置き、前かがみになって、じっくりと客席を見まわす。前方の観客は、それまでふっていた手を差し伸べて彼に触れようとする。彼は立ち上がり、それに応えて握手する。その手をつかもうと、女性たちが揉み合いになる。飛び交う絶叫と怒号。彼は腕を振り払うようにして客席から離れると、椅子に戻り、手にした本を開く。開いたページを遠ざけたり、近づけたりする。どうやら字が読みづらいようだ。いったん本をひざの上に置き、しばし物思いにふけるようにぼんやりと視線を泳がせ、おそるおそる目とこめかみのあたりを両手で探る。メガネをしていないことに気づいたのだ。

「メガネを出して！」——女性から助け舟。ストリッパーは身体のそこここを触りながらメガネを探すが、見つからない。ふと思い出した様子で、靴下から折りたたんだメガネをゆっくりと引っ張り出す。「あったー」、「かけてー」。歓呼の中、ダンサーはメガネのつるの部分を開く。両手でつるをもち、顔の上に振り上げる。息を呑む観客。彼はメガネを反転させ、レンズ部分を覗き込む。笑いと落胆のため息。苛立ちもにじんでいる。

「調子に乗るな」、「とっととやれ」。外野の男性陣から強いヤジ。いちばん苛立っているのは彼らのようだ。ダンサーはもっていたタオルでメガネを拭き始める。「曇って見えないの？」「念入りに拭いて」。客席は静かに彼の作業を見守る。拭き終わると、タオルが客席に投げ込まれる。叫喚と悲鳴。

あちこちから伸びた手がタオルを奪い合う。舞台に視線を戻すと、両手で支えられたメガネが、まるで宇宙船が宇宙ステーションとドッキングするように、ゆっくりと××くんのうっとりした顔に近づいていく。静かにしっかりと、メガネが彼の顔におさまる。

「アァッー!」 観客から一斉に喜悦の声。そして、拍手。

何が起きていたのか

このトレーニングは例外なく、驚くほどの興奮と笑いに包まれる。なぜ皆これほどまでに熱狂し、抱腹絶倒するのか。

まず「ストリップ」と聞いた時に抱くある種の背徳感と、実際に目の前で展開する出来事とのギャップがある。背徳感とは、ストリップという人前で堂々と語るのが少々はばかられる行為に対するものだ。どうやら「ストリップ」はすぐに「演劇」とは結びつかないらしい。けれども、ふだん秘められている物事が開示される、というイベントは実は最も「演劇的」なのだ。

「見世物」は人々の好奇心や想像力をそそるものを見せたり聞かせたりするものである。見慣れないもの、曲芸や奇術、演芸、芝居などを指す。「興行」や「ショー」と言い換えてもよい。「ストリップショー」は、きわめて「演劇的」だ。「基礎編」の「さて、『演劇』とは何だろうか?」で定義した演劇観と対比してみよう。「観客」はいる。「ルール」は、ひじの内側を見せる、もしくはメガネをかける。加えて、それらを客席の興味を引く形で実現すること、である。「集中」もしていた。だから、会場全体が大きく興奮したのである。

ひじもメガネも、ふだん人に見せまいと隠すことはない。何かの拍子に見られても、特に恥じらうことも、見た者が罪悪感を抱くこともない。さらに言えば、ふだん人に見られることを意識しない、自分でもよく覚えていない程度の動作だ。つまり、「秘められていない」。そんなしぐさにエロティシズムにつながる要素があろうとは、想像すらしたことがなかったのである。

「ストリップ」と聞いて、「自分の秘めていることをさらす」という嫌な予感がはじめの躊躇につながっていた。ところが、「秘められていない」行為が「観客」によってエロティックな行為として認定されると、それまでは何でもなかったしぐさが、興奮を呼び起こすものとして、自分の価値観に入り込んでくる。叫びや大笑いは、各々の価値観が揺らいだ際の危機感と快感の表出だった。女性がひじの内側をこちらに見せつけることが、ひどくみだらな、色っぽいふるまいに見えてくる。男性がメガネをかける動作が、胸ときめき、心躍らされる刺激に変わる。

観客役は、興奮したふりをして声を出しているうちに、その興奮が単なる演技から自らの意思で叫び求めているかのようになる。つまり、ウソがホントに転じる。われわれは日常の経験から「人間は興奮するから声が出る」と考えがちだ。しかし、この場合は逆に、出す声から興奮が誘発される。演技には、そういう側面がある。「うれしい」という表現を行っていると、心の中までうれしくなる。身体と心の間には密接な関係があるのだ。喜びの声をあげ、はしゃいだ身体を作ると、うれしい感情が湧き起こる。「笑う門には福来る」なのだ。

また、欲望を共有する人々にはさまれ、埋もれているうちに、群集心理で興奮は高まり、衝動的になって、判断力や思考力が低下する。たった一人の興奮なら醒めてしまえばそれまでだが、集団の中では相乗効果で互いに興奮を高め合う。観客「役」だった彼らが、観客「そのもの」になる。いつしか演技の理想状態に到達している。

女性ストリッパーに「見たい？」と尋ねられて「見たーい！」と無節操に大声で応じ、男性ストリッパーの投げ入れたタオルを目の色を変えて奪い合ったのは、そのためだ。ふだんメディアでアイドルに熱狂する人たちを見て「自分とは違う」、「あんなふうにはふるまわない」と感じていた人なら、なおさらである。気づけば目を血走らせている自分を発見し、少なからず驚いたことだろう。

「見たい」と前のめりになっている観客に求めているものをすぐには与えず、はぐらかし、欲望を煽《あお》る。我慢のぎりぎりまでじらして、渇きが最高潮に達した瞬間に客席の期待以上の衝撃で提供する。ストリップに限らない。見世物を披露する際には定石だ。見世物だけではない。和洋中問わず、コース料理を頼んで、いきなりメインの料理は出てこない。食前酒や前菜で適度に食欲を刺激し、期待感を高める。人間の欲望を満たす上で、どうすれば心地よいか、の秘訣は案外シンプルだ。

ストリッパーと観客の関係を見物していた立場に目を転じてみよう。彼らにすれば、ちょっとした手品を見ているかのようだったのではないか。手品の一つは、ルールを聞いた際には想像もしなかった迫力が客席から発せられること。ナマの群集の勢いには凄まじいものがある。最初のダンサーが「怖かった」と告白したように、覚悟をもって舞台に上がらないと観客に呑まれてしまう。その迫力で次の手品が起こる。舞台上のストリッパーが思いがけず大胆なふるまいに出ることだ。

参加者を構成するのは、必ずしも同じクラスや部活のメンバーとは限らない。県内各所から集められた高校生や、さまざまな大学や専門学校の学生の寄せ集め、互いにまったく知らない一般社会人の場合もある。その中からストリッパーを選ぶ。切り込み隊長タイプはどの集団にいても注目されることが多いから、彼らがストリッパーとして活躍するのは、ある程度予想がつく。その後の「目立たないが芯がしっかりしていそうな」タイプや「この集団の人気者にはなれそうにない」タイプをあえて選ぶのは、えてしてそういうタイプに意外な力を発揮する人材が隠れているからだ。

ふだんおとなしい女性が、一転あでやかな動きで観客を魅了し、思いがけない盛り上がりを作る。いつもやや挙動不審で敬遠されがちな男性が、スーパースターのようにのびのびとしたステージを繰り広げ、女性たちを悩殺する。運動会のリレーでめざましい走りを見せると、翌日からその人を見る目が変わるように、《ストリップ》で見せた想定外の成果で集団内の評価が変わる。自信もつく。人間の思いもよらない一面をすくいとって開示すること。これも〈演劇的教養〉である。

エロティシズム

ステージ終了後、こんな話をする。今の日本では、出るところは出ていて、ウエストがキュッと締まって、目のパッチリした小顔の女性が、スタイルのいい美人ということになっている。化粧品やファッションの広告に出てくる女性は、その基準を満たしている。世の女性はダイエットに余念がないし、「小顔特集」の雑誌が売れる。けれども、その価値観は古くから日本にあったものではない。

八頭身が美人、という考え方は、明治維新後に欧米から、特に戦後アメリカから入って来たものだ。それまでの美人は六頭身で、胸と腰とお尻のサイズが極端に変わらない、いわゆる「ずん胴」体型だった。和服はそのほうが似合う。外国人が和服を着ているのを見かけると、頭が小さく、足が長くて、正直カッコ悪い。男性は少し腹の出ているほうが、ハマる。和服は男女とも、江戸時代の標準的体型の人が圧倒的にカッコいい。

平安時代の美人の条件は「しもぶくれ」、「細目」、「とがった小さい鼻」、「おちょぼ口」、「長いさらさらの髪の毛」である。「和歌を作るのがうまい」というのもあった。今ではちょっと想像しにくい。

私たちは目の前の流行や考え方が普遍的だと捉えがちだが、歴史を俯瞰すれば、私たちのほうこそ特殊な価値観の中で生きているのかもしれない。

もし女性のひじの内側が男性の興奮する場所になれば、おそらくすべての女性はひじの内側を隠すだろう。逆に、多くの女性がひじを隠し始めたら、男たちはそこにエロティシズムを感じ、暴きたいと思うようになる。

今では女性がショーツやブラジャーをつけるのは当たり前だが、和服の時代にはどちらもなかった。だからといって、その時代を野蛮と呼べるだろうか。一〇〇年後の人類がひじを隠す文明に暮らしていたら、今の私たちは隠すべきところを隠さない野蛮人ということになる。

こんな想像も楽しい。ひじを隠す場合、いったい何で覆うのか。包帯か、リストバンドか。どういうひじがモテるのか。大きくて太いのか、細くて骨っぽいのか。流行りもあるだろう。「今年は幅があって薄いひじ」、「カレをその気にさせるひじカバー」。そんなキャッチコピーがメディアの広告に躍る。グラビアアイドルも、ひじが見えるか見えないかのポーズになる。

勘のいいメンバーは、《ストリップ》を見るうちに、ネタは人間のしぐさであれば何でもいい、ということに気づく。「ドアを開ける」、「傘をさす」、「コーヒーを飲む」。これらのふるまいも「観客」さえ組織できれば、《ストリップ》の材料になる。

逆に言えば、あらゆる動作が他者の興奮を引き起こす可能性を秘めている、ということだ。その意味では、今のところ、ほとんどの所作が休眠状態にある。けれども、私たちは潜在的にエロティックなふるまいに取り囲まれて生きていると想像すると、日常を新鮮に見つめ直せる。エロティックの概念は柔軟なものなのだ。

第二章《漫　才》

近頃、腹の立ったこと

メンバーのうち二人に前に出てもらう。他のメンバーは「観客」になる。二人は「近頃、腹の立ったこと」を話す。この一見単純な稽古が《漫才》だ。

どのように進めてもよい。一例を挙げれば、次のようになる。観客は仮の舞台に向かって、まとまって座る。舞台の上手・下手、両側から一人ずつ指名されたメンバーが舞台中央に出てくる。観客は彼らを拍手で迎え、二人は会話を始める。適宜話したら、別のペアと交替する。

《漫才》といっても、いわゆる「ボケ」や「ツッコミ」を分担する必要はない。片方が腹の立った話をし、もう片方が相槌《あいづち》を打つ。話が尽きたら入れ替わる。相槌を打っていたほうが自分の話をし、相方がそれを聞く。話題は「うれしかったこと」、「びっくりしたこと」、「恐ろしかったこと」、「楽しかったこと」と何でもできるが、経験的には「腹の立ったこと」が盛り上がる。話し手、聞き手ともに感情を上げやすく、見ているほうも共鳴しやすい。

「怒り」の材料は各々で考える。「コンサートのチケットがとれなかった、悔しい」、「電車内で全員がスマホをいじっていた、薄気味悪い」、「タバコがやめられない、情けない」、「バイト先によく来るクレーマーにムカつく」。

話し手は、怒りの感情を強くもち、それが弱まらないように話をする。怒りながら、聞き手や観客に自分の話がしっかり伝わるように気をつける。いつ、どこで、誰が、何を、どのようにした話なのか。なぜ怒ることになったのか。話の筋道が飛躍したり、小さな声になったりしないようにする。

聞き手は、原則として、話し手の話題を批判・否定しない。納得できない内容でも、話し手を肯定することに徹する。不明な点は、そのつど確認する。そして、話し手の怒りがより高まるように煽っていく。

たとえば、以下のような会話だ。

話し手　こないだ花見に行ったんですよ。
聞き手　いいですね。
話　それがよくない。開花情報でね、満開って予想が出てたんですよ。テレビで見てたら。
聞　満開の予想。素晴らしい。
話　それを信じて出かけたわけです、少し足を伸ばして横浜、桜木町まで。
聞　まさにばっちりの地名じゃないですか。桜の木の町。
二人　桜木町！
聞　遠出しましたね。で、どうでした？
話　駅から降りると、人、人、人ですよ。みんな、おそらく桜を見ようと。
聞　おっ、期待が高まりますね。

話　ワクワクして、少し小走りになったりして。
聞　一刻も早く見たいですもんね。
話　それがですよ。目当てにしていた桜並木は川沿いなんですけどね。
聞　どうしました?
話　咲いてない。全然咲いてないいんですよ。
聞　まさか!
話　いや、まぁ、幹から出た花がちょこっとは咲いてるんですよ。ちらりほらりと。
聞　いちおう開花はしている。
話　でもね、桜の木に、こんなに近づかないと見えないんですよ、花が。こんなに。
聞　それはひどい。
話　遠くから見ると、ほぼ枯れ木。
聞　花見ならぬ、枯れ木見物。
話　それに寒いし。
聞　花冷えだ。きついですね。
話　咲いてないから、花冷えでさえない。どうしようもないわけですよ。逆に笑っちゃう。両手にコンビニ袋いっぱいのビールやつまみをもった一団は、しばし立ち尽くしてました。
聞　「早まった!　……どうしよう」。
話　人はどんどん来るわけですよ、でも。
聞　桜の花はない。みなさーん、まだ咲いていませんよ。

話　そう、ない。寒い。仕方ないから木に接近して、ほんの少し咲いている花をスマホで撮ったりしてる。

聞　「せっかく来たから撮っとこう」……って空しい。悲しいです。

話　他にどうしろっていうのよ！

聞　そのとおり！　他にしようがない。……だってここは、桜の木の町。

二人　桜木町！

話　開花情報は正確に発表しろ！

聞　聞いてるか、気象関係者？　テレビ局、反省しろ！

話　あと、あそこにいた皆さんに言いたい。

聞　どうぞ、この際、言ってしまえ！

話　花を確認してから、ビールを買おう。

聞　確認、大事です。

聞き手は「それはひどい」、「テレビ局、反省しろ！」、「この際、言ってしまえ！」など、合いの手をフル稼働して、話し手の怒りを煽り立てる。火に油を注ぐのだ。

同時に、話し手のしゃべりが観客にいっそう伝わるように協力する。話題に入り込んで「みなさーん、まだ咲いていませんよ」、「確認、大事です」と客席に呼びかけるのも、その一つだ。また、話に登場する人物になって「早まった！　……どうしよう」、「せっかく来たから撮っとこう」と、その人物の心境をセリフにして出す手もある。話し手と聞き手という二人だけの関係に第三者への呼びかけや第三者の述懐の要素が加わり、話されている世界に厚みが出る。

また、聞き手の「桜の木の町」を受けて両名が同時に「桜木町！」と叫ぶフレーズは、話のアクセントになり、舞台にテンポを生む。客席との一体感も作りやすい。後半で再び繰り返されたように、何度か反復するのも効果的だ。もちろん、こうしたフレーズはたまたま生み出されるものだ。使えそうであれば、言いっぱなしのまま捨ててしまわないようにする。

話し手の話は、事実に基づくものだったとしても、《漫才》の現場ではフィクションでしかない。話し手の主観と捉えられてしまう。話し手が語り、聞き手がそれに相槌を打つだけでは、観客に話のあらましが伝わるだけで味気ない。しかし、そこに話の世界に登場する人々への問いかけや働きかけ、またその人物たちの述懐や独り言が出てくると、世界は立体的になる。リアリティがぐんと増すのだ。観客がその世界に入っていきやすくなり、本当に起こった出来事として信じやすくなる。話し手と聞き手二人の関係をそのように広げることで、話がふくらみ、強固なものになっていく。内容は聞きごたえのあるものになり、観客は一段と興味をそそられる。

この稽古の面白さは、日常なら愚痴にすぎないものが面白いネタになるところだ。通常、人の愚痴を我慢して聞いている人でも、舞台と客席という関係の中で聞かされると、たとえ同じ話であっても、ふだんより興味をもって聞くことができる。話の内容が魅力的に変質するのだ。舞台上の価値の逆転現象、「演劇の魔術」と言ってよい。話し手がひどい目に遭った話ほど面白く、怒りが強いものほど興味を引く。

稽古を続けていくと、話し手や聞き手の日常を見る目が変わる。ある出来事に遭遇した際、「これはネタになるか」と自問自答を繰り返すようになる。ネタになるなら、出来事のどのあたりを強調して話すべきか、と思考が広がる。また、どのあたりから怒りのボルテージを上げていこうか、という計算もするようになる。ネタにならない場合、その理由を考えるきっかけになる。材料の中の弱いところを探るようになる。「面白い」、「弱い」という自分の基準が今までよりはっきりし、周囲の風景がクリアに見えるようになる。また、嫌なことに出くわしても「ネタになるかも」という気持ちが働いて「嫌なこと」に目をつぶることが減るだけでなく、その奥に面白いネタが潜《ひそ》んでいるのでは、と吟味するようになり、物事を受け入れる能力が向上する。

相手を受けとめる力

《漫才》は、話し手も聞き手も舞台上で相手役の言葉や表情をすばやく的確に読み取る訓練でもある。「演技力」というと、多くの人は「出す」ことに眼目がある、と捉えがちだ。しかし、実は「出す」以上に「受けとめる」能力が不可欠である。広く深く受けとめられるから、それをベースにして他者に有効な言葉や表情を出すことができる。観客から笑いが起こると、相手の話を聞かなくなり、ただ「笑いをとる」方向に集中力が逸れてしまうことがあるが、それはたいてい失速する。観客を退屈させないように「笑いをとる」気持ちはもっていたほうがよい。しかし、話し手がしっかり腹を立て、聞き手がそれを勢いづけて、話し手がさらに怒りを強める、というキャッチボールがしっかり行われていれば、見るに足る空間になるのである。

二人は相方と観客両方を視界に入れるため、それぞれに対して四五度くらいで向かい合って立つ。厳密である必要はない。ただ、話に夢中になって二人が正対してしまうと観客に届きにくいし、話し手が客席のほうばかり向いていると聞き手が無視されることになる。プロの漫才師ではない。ましてや即興のやり取りなのだ。相手と観客を視界に入れておくべきだろう。

二人は舞台中央をはさむように立つ。気をつけるように伝えても、無自覚に上手か下手に寄ってしまう。感情が強くなっても、自分の位置を把握し、見られている存在だということを忘れない。必要に応じて動き、移動するのは、まったく問題ない。

人前で話すことに慣れていなかったり、感情が高まったりすると、しきりに足が動いたり、腕を不要にふったり、視線がキョロキョロしたりする。《二拍子》のところで述べたように、気持ちが強くなると身体の「癖」は出やすくなる。癖に気づき、余計な動きを抑えて、身体から不要な情報が発信されないようにするのも練習の一環だ。

話し手の怒りが強まるほど、観客は話に共感しやすくなる。ただし、怒りの対象が観客に向いた場合、客席が引いてしまうので、怒りは観客以外に向けるのが賢明だ。話し手の感情が昂《たか》ぶると、同じ内容を文章で伝えられるのとは違った思いが観客の心に芽生える。話し手の感情の波動が観客に伝わり、共振を促すのだ。人は目の前、あるいは周囲の人が抱いている感情に影響を受けやすい。同調にせよ反発にせよ、反応がはっきりしてきたら、観客が話し手に感情移入している証拠だ。

感情の潜在化

私は長い間、《漫才》は真情を吐露し、感情を解放する上では演劇の入口にふさわしい稽古だと考えてきた。しかし、近年、その考え方を改めなければ、と感じることがある。若い、たとえば小中学生や高校大学の学生を対象にしたワークショップや講義で《漫才》をやることがある。中に数人、予想に反する受け答えをする生徒や学生が出てくるようになった。「ボク最近、腹を立ててないです」

と悪びれもせずに告白してきたり、「私の怒りですか？　うーん」と深刻に悩んだりするメンバーが混じるようになったのである。

この訓練には「自分の中には『怒り』がある」ことを自覚させるという目的も加味する必要がある。遅まきながら、そのことに気づいた。

「近頃、腹を立てたことがない」という学生を、はじめは人前で話をするのが苦手で、言い訳しているだけではないかと疑った。しかし、改めて尋ねると、本当に腹を立てた経験に思い当たらない様子なのだ。「腹立たしいことなんか、いくらでもあるんじゃない？　朝、眠い中で起こされたらムカッとこない？　駅まで急がなきゃいけないのも不満だし、電車が混んでいたら、なおさらイライラするでしょう？」と水を向けても、ぴんと来ない様子だ。

あっけらかんとした彼らの表情を見て、「基礎編」の《マッサージ》と《柔軟運動》で紹介した、過労で亡くなった先生を思い出した。意識と身体の分離が進み、自分のものでありながら自分の身体の状態がわからなくなってしまった事例だ。

感情にも同じようなところがある。幼い頃は場も状況もわきまえずに表出していた感情は、大人になるに従って少しずつ抑制を強要される。同時に、複雑な感情への理解が深まり、自分にもそうした感情があることを知る。家族や友人にはぶつけやすかった感情も、部活動の先輩や仕事場の上司や顧客相手では奔放に吐き出すことはできない。

小中学校の児童にワークショップを実施していると、気がかりなことがある。社会に出るよりももっと早い時期の子供に、感情の吐露を制御するような社会的な圧力が必要以上にかかっているのではないか、と感じるのだ。「優秀でよい子」であってほしい、という周囲の願いは理解できる。実際に

「言うことを聞くよい子」が多いのも事実だ。けれども、家庭や学校や社会からの要請がいきすぎてはいないか。その傾向が強まってはいないだろうか。自覚できていた怒りを抑えることに慣れ、いつしか怒りの感情そのものが意識から消えてしまう。そんな現象が進行しているのかもしれない、と考えてしまう。

抑制され、忘却された怒りがただ消えてなくなるとは思えない。我慢している自覚さえない、そうした怒りは、地底のマグマのように人々の意識下で蓄積し、ある日、周囲も予想しなかった、おおむね痛ましい形で、暴力的あるいは破壊的に放出される可能性がある。この点を考える上でも、〈演劇的教養〉が果たす役割は小さくないはずだ。

第三章 《ものまね》

1 ものまねの構造

教室の風景

中学や高校の頃、どのクラスにも先生のものまねをする級友がいた。私のクラスでは、こんな感じだった。休み時間や昼休みに、ものまねの得意な「彼」もしくは「彼女」（以下の「彼」は「彼女」も含む）は、友人に先生のふるまいを話し始める。たとえば、先ほどのホームルームで出た先生の口癖や、同じ先生が部活で生徒を叱りつけていた光景などだ。そのうち「彼」は先生になり、ホームルームを始めたり、サボっていた部活の生徒に説教したりする。「彼」は先生を「演じている」。不思議なことに、そのとき先生が話しかけている生徒や状況までまざまざと想像され、自分がそこに立ち会っているような錯覚に陥る。

声を聞きつけた友人が「彼」のまわりに一人また一人と集まる。「そら始まったぞ」と教室を横断して駆けつける生徒もいる。「彼」は声を工夫し、しゃべり方や目の開き方や眉の寄せ方など、顔の表情を先生にできるだけ近づけて、時には身ぶり手ぶりも交えながら、彼の目撃した情景を友人に伝えていく。見物の生徒は、彼の一挙手一投足に注目し、「それそれ」、「そこで怒るか」といった合いの手を入れ始める。そして、手を叩いて笑い、はしゃぐ。あまりにおかしくて全員がその場に笑い崩れてしまうこともある。そうなると、クラスの他の連中も俄然《がぜん》興味をもち、輪に加わって、観客は増えていく。

真似がひととおり済むと、見物の一人が別の折に見かけた先生の面白いエピソードを語り始める。「彼」は、しばし話を聞き、おもむろにその再現を始める。「彼」はエピソードを実際に目にしたわけではない。ところが、真似を始めると、先生はそうふるまったに違いない、と思えてくる。その驚きが、さらなる笑いを誘う。人は面白い時にだけ笑うのではない。想像もしなかった事態を目の当たりにしても笑うのだ。

「彼」は、次に通路を使って先生の特徴ある歩き方をやってみせる。友人が実際の先生との違いを指摘する。「彼」は徐々に本物の先生の歩き方に近づいていく。やがて、本物の先生、ひょっとすると本物以上に感じられる歩き方になる。特徴が誇張されているが、誇張されすぎて別ものになってはいない。それが「本物以上」という印象につながる。周囲はさらなる笑いと興奮に沸き返る。

友人の一人が「お題」を出す。「先生がさ、トイレで用を足してて、立とうとしたらトイレットペーパーがない、ってところ」。お題を出すのが得意な生徒もいる。要望を受けて、「彼」はさっそく手元の椅子に足を揃えて座り、両ひじを両ひざの上に立て、両手にあごを乗せる。難しい顔をして「う」、「んん?」と先生の顔と声でうなる。用を足している瞬間だと気づくと、観衆は爆笑する。先生がトイレに入っているところなど、誰も見たことはない。見たいとも思わない。目にしたことのない、ことによると嫌悪感さえ催しかねないその光景を、「彼」はクラスの真ん中で堂々と「演じ」、同級生の喝采を浴びている。先生が「コレではダメなんですね」といつもの口癖を漏らす。「彼」がわざわざ言っているのがわかっているのに、おかしい。先生はトイレットペーパーに手を伸ばす。ホルダーに手をやるが、紙がない。無音の教室にイメージの中のカラカラという音が響きわたる。動作は慌てているが、口から出る言葉は先生がふだん話すように小声で、のんびりしている。「コレではダメなんですね」。身体と声のギャップが滑稽だ。抱腹絶倒の中、「トイレの先生」は皆の記憶に残っていく。

「違和感」と感情の「住所番地」

ものまねのきっかけは、おそらく「違和感」だ。「彼」は先生の言動に何か異質なものを感じたのである。よくあるしぐさや言葉では、ものまねの材料にはならない。真似しようとも思わないし、無理してやってもウケない。すべての他者は違和感を与えるものをもっている。その中で違和感の特に強烈な人物や行動が材料に選ばれやすい。そうした違和感は、創作意欲をくすぐるのだ。また、多くの観衆が興味を共有しやすい。もっとも、その違和感の原因が病気やケガや障害の場合、差別的表現になる危険がある。後味も悪く、観客の支持も得られないから、ネタにはしない。「彼」にとって、真似しやすい先生かどうかも重要な選考基準だ。個性的だが真似が難しいケースもある。

逆に、見物人はものまねに何を期待して彼のまわりに集まり、歓声をあげるのだろうか。それも「違和感」だ。「彼」が抱いている違和感と、見物の生徒が先生にもっている違和感が心の中で合致したとき、大きな興奮が引き起こされる。興奮は演じ手の生徒にも反響する。優れたものまねをやった人間だけが味わえる高揚感と恍惚感。

違和感の符合は、こう言い換えられる。
『彼』のものまねによって、その先生の違和感が初めてこの世にはっきりとした姿をとった」。
「この世に」が大げさなら、「クラスに」である。違和感は、それまでもやもやと存在していたが、顕在化していなかった。「彼」がそれを具体的な形にし、認知されたところに進展がある。日常生活で人々が他人にもつ違和感は、かなりぼんやりしている。ところが、ものまねとして披露されると、違和感は突如、明確な姿を現すのだ。見物人の中に眠っていた違和感が呼び起こされ、それが導火線になって、爆笑につながる。したがって、成否はネタの選定に大きく左右される。違和感を共有できないネタは、観客の興味をそそらない。

優れたものまねは、なぜ魅力的なのだろうか。違和感がはっきりすることは、おそらく感情に新たな「住所番地」が加わることだ。「住所番地」については「〈演劇的教養〉とは何か」の「意味と効用」で触れた。「彼」が先生のものまねをする。この時点で「彼」の中の違和感は他の生徒よりはっきりとはしているが、明確な「住所番地」を刻めてはいない。予感はあっても、確信はない。友人の前でものまねを披露するのは、いわば仮説の発表だ。内心のひやひやは、表現者の宿命である。そして、新作上演。ものまねを見た観衆は、違和感が目に見える形をとり、新たな「住所番地」が作られた、と感じる。見物人の支持を受け、「彼」の「住所番地」も確定する。それは自信につながり、次の挑戦への動機になる。演じ手と観客の間には、その後「住所番地」をさらに厳密に確定する動きが生まれる。教室で先生の歩き方の際に出たさまざまな指摘がそれだ。

どうやら、新たな「住所番地」の発見と厳密な確定は、私たちに、そしておそらく人類に大きな喜びと興奮をもたらすようだ。

真似る本能

そもそも、「彼」はなぜその先生を真似たいと思ったのか。なぜその違和感を表出したいと考えたのだろうか。潜在的だった違和感が顕在化したのは結果であって、原因ではない。クラスの人気者になりたい、という欲求もあっただろうが、それは二次的な動機に思える。

人間は、自分が目にしている人を、あえて真似ようとも思わずに、無意識に真似してしまう生き物なのだ。それゆえ、「あくび」は伝染するし、「もらい泣き」もする。「売り言葉に買い言葉」も、その一例だ。相手の興奮をこちらが真似てしまう。また、「人気」や「流行」も、多分に人の真似が作用する。芸能人やスポーツ選手で人気の出る人には、その人を素敵だと強く感じる人物やメディアが存在する。それに煽られて、他の人々に「どうやら魅力的なのだ」という雰囲気が伝播《でんぱ》し、大きな人気に広がっていく。流行も、同様に「これがカッコいい」という強烈な主張があり、その周辺から作られていく。あくびやもらい泣きや人気や流行は、ある種の共感と考えられるが、「売り言葉に買い言葉」は「共感」という言葉では説明がつかない。いつとはなしに真似ている、と考えたほうがすっきりする。教室で爆笑が起こり、デモや集会から暴徒が現れるメカニズムは、ここにある。密集空間で互いの興奮を真似し合い、つまり共鳴して、爆笑や暴動が起こる。

幼い子供ほど、テレビで見たヒーローやヒロインになれる、と夢想する。貧弱なマントやベルトでも、正義の味方になれる。安っぽい棒を手にしただけで、魔法が使えると思う。一人前の大人でも、アクション映画や任侠映画を見終わったあとは、主人公のように強くなった気になるものだ。敵もいないのに、街中でふいに振り向いたり、肩をそびやかして歩いたりする。成長するにつれ、あからさまに真似をする感覚は薄らぐように見えるが、内側ではなくなっていない。

では、「彼」が先生に感じた「違和感」には、どのような特性があるのだろうか。違和感には新しい「住所番地」が潜《ひそ》み、その発見は大きな興奮と幸福感をもたらす。そう考えると、違和感は新しい価値観のヒントということになる。違和感に敏感な「彼」は、それを根拠に先生の真似をした。大人から見れば、先生の言動はさほどめずらしいものではないかもしれない。しかし、クラスで「彼」の探知は他の生徒に支持された。生徒レベルでは、「彼」の違和感の明示化は、新たな価値観の発見として受け取られたのだ。違和感を放置せず、顕在化していくのは、ものまねに限らず、人間に欠くことのできない営みだ。違和感を見つけ、はっきりさせるのは、好奇心であり、冒険心であり、文明の発展を支えてきた原動力でもある。違和感をあぶり出す作業は、やがてクラスだけでなく、広く社会全体に有益な価値観の創造を促す可能性をもっている。

2 準備

《ものまね》は似ていなくてよい

ものまねは、舞台芸術を創作する上で、きわめて重要である。私の所属する集団にも、《ものまね》というトレーニングがある。この稽古の原風景は、先述の教室にある。あの光景に本質的な要素がちりばめられている。稽古場では、以下のように課題を出す。

――「身近にいる印象的な人の、ものまねをしてください」。

ものまねと聞くと、多くの人は、ものまね芸人が有名人のものまねをしている姿を思い浮かべる。芸能人やスポーツ選手、政治家や名物経営者のものまねである。彼らの芸はクラスの「先生のものまね」の発展形だ。皆が知っている人を真似て「似ている」と高い評価を得る。「似すぎている」あるいは「実際に見たことはないが、その人はそんなことをしそうだ」という理由で支持されることもある。先生の歩く姿が「本物以上に本物」に見えたのは「似すぎている」ということだし、見物人の「お題」をヒントに「トイレの先生」が出てきたのは「その人はそんなことをしそうだ」のカテゴリーに入る。

しかし、演劇の稽古で《ものまね》を考えるとき、真似る相手は必ずしも有名人である必要はない。いや、むしろ、そうでないほうがいい。有名人の《ものまね》は、往々にして、ものまね芸人のコピーになる。手垢のついた材料に時間を費やす必要はない。二番煎じでウケることが、このトレーニングの目的ではないのだ。

「身近な人」で材料は事足りる。たとえば「高校や大学時代の先生、先輩、後輩」、「職場の同僚、上司、取引先の人」、「近所のおじさん、おばさん」、「親戚や親兄弟、子供」……誰でもよい。長い時間観察できる人が望ましい。観察とは違和感を抽出する時間のことだ。観察力とは違和感を敏感に、明瞭に意識する力のことである。そして、ここが大事なところだが、《ものまね》の稽古では似ているかどうかは問わない。というより、問えない。身近な人は、大半の場合《ものまね》をする本人しか知らないからだ。ものまねが最終目標としていた「似ている」という要素は《ものまね》では設定されない。では、何が問われるのか。

「《ものまね》をしている当人とどれくらい違うか」である。

俳優Aが行った《ものまね》の評価基準は、それがAとどれほど隔たっているか、にある。究極的には、Aの痕跡を消し去ることが求められる。

では、Aの痕跡とは何か。「〈演劇的教養〉とは何か」の「身体の不思議」で述べたように、私たちは自らの「身体全体がつながっている感覚」の中で生きている。それは通常、意識しないほど「当たり前」のことだ。ケガやふだんと違った状況のせいで「身体全体がつながっている感覚」のバランスが崩れると、その感覚が逆に意識される。

《ものまね》を通じてAにA本人のものとは別の「身体全体がつながっている感覚」を見ることができるなら、それは優れた作品である。そのためには、Aは対象となる他者Bの内部論理を自分に取り込む必要がある。同時に、Aは自身の「身体全体がつながっている感覚」に意識的になる。消すべき痕跡がどのようなものなのかを把握しておかなければならないからだ。

Bの内部論理と一口に言っても簡単ではない。AがBにもつ違和感が手がかりになる。B全体から受ける違和感を明確にすることと並行して、自分との違いを細部にわたって観察し、引き出す。しぐさや癖、声、表情などを吟味し、つなげていく。現場にいなかった事件を再構成する検事や弁護士のように、Bを自己の中に組み上げるのである。その先に現れるのが、Bの内部論理だ。

《ものまね》は、戯曲における役作りとも直結する。ある役になる、ということは「別人格にジャンプする」ことだ。そうでないと「個人史」になってしまう。「この世にない魂を連れてくる」という〈演劇的教養〉の中心に近づく作業だ。他者の内部論理を活用した自分からの脱出、と言い換えることもできる。

素描

具体的な作業に即して見ていこう。街で見かけた人物を、どのように観察すればいいのだろうか。

駅頭で独り言をつぶやく老人の男性を発見したとしよう。彼の身体と声を詳細に眺めていく。ひざが少し曲がり、そのぶん腰の位置が低い。体重はつま先より、かかとにかかっている。それで足を引きずるような歩き方をしている。上体は猫背。肩が高いので首は後ろに動きにくく、頭は少し前に来る。声は高い。喉の奥でくぐもって出る印象だ。話す時は低い声から始まって、二、三語目でいちばん高くなり、文末に向けて下がる。発言に力が入ると声は高くなり、右腕が連動する。話の内容は、駅前の混雑への不満だ。

動物園で一人の子供が目に飛び込む。両手とも人差し指に中指をからませたエンガチョの指。動物園に来たのがうれしい様子で、はねるように歩いている。「パンダ、パンダ」と連呼しているが、パンダ舎に向かう途中で転んでしまう。「ベチャッ」と音のしそうな転び方だ。倒れて、両腕がバンザイになっている。しかし、指のエンガチョは解《ほど》けない。同行する母親に自分の感じること、わからないことを率直に、熱心に話しかけている。

こうした身体や声の特徴を慎重に再現する。そして、発言の趣旨を推量する。前者は老人であり、後者は子供であることを加味して、身体の中のつながりを検証する。一つ一つの違和感をつなげると、最終的に「ある緊張感」または「ある興奮」とでも呼ぶべき感触が得られる。それは、ふだん私たちが感じるものに似ている。苦手な人や場面に臨む前に胸の奥がしぼられるような、すっぱい心持ち。壮大な景観を前にして上体が解き放たれるような、爽やかな感覚。恋人に会う前の身体が甘く満たされるようなフィーリング。その時の「気分」を身体全体でつかんでいる感覚だ。

人物を写し取る際も、同様に一種の印象が形作られる。この「ある緊張感」を繊細に、明確につかむ能力が役者には求められる。先ほどの「身体全体がつながっている感覚」を一つに集約した感触が「ある緊張感」となる。

微細に観察すると、日常でも自分の中の「ある緊張感」は刻々変わっていることがわかる。歩く一歩一歩でもほんの少し変化するし、ドアを開け、人とすれ違うといった些細なことでも変動する。それをいちいち気にしていては生活できないから、ふだんは無視している。しかし、真摯に演技と向き合えば、俳優はこの緊張感の変化に敏感にならざるをえない。それが役を捉える基準になるからである。

ある役の内的な「ある緊張感」がつかめたら、もう本番は可能である。役作りとは、戯曲の解釈から逸脱することなく、相手役にも納得してもらえる「ある緊張感」を構築する作業のことなのだ。

俳優は同時に、もしくは時間を置いて、複数の役をかけもちしている。それが通常業務である。演じ分ける上で、またかつての役を再び演じる上で頼りにするのが、この「ある緊張感」だ。再演の際に「これでいい」とか「どうも違う」と感じるための物差しであり、これがしっかりつかめているなら再現は容易だ。むろん、演技は創作活動だから、「ある緊張感」も有機的に変動する。解釈の変更や相手役の交替に呼応して、修正される。

3　創作過程『電車のおばちゃん』

《ものまね》の製作プロセスを眺めてみよう。題材は私が所属する集団の女優の作品である。だが、彼女の実際の作業経過を紹介するわけではない。その作品を題材にして、創作手順の一つの類型を紹介するのが目的である。

ネタ探し

《ものまね》は、材料探しから始まる。対象となるのは、まず自分だ。

鏡で自分の顔を覗いてみよう。ふだんの顔は見慣れている。口の左右の両端を思いきって引き上げる。頬が上に行き、目は小さくなる。そのまま両眉を上げ、目を見開く。その表情からは、何かしら「喜び」や「期待」を読み取ることができる。「わざとらしい」、「押しつけがましい」印象も受ける。次に、下の唇をほんの少し開いて、すぐに閉じる。この小さな開閉を繰り返す。鏡の中の人物が自分とは違った人格に見えてくる。自分とは違った声で違った話題が出てくる気がする。

これが《ものまね》の入口だ。たったこれだけのことで得られた自分の中の「違和感」を広げ、深めることで、自分とは違った人物を成形することが可能になる。

むろん、鏡と向かい合うだけではネタが枯渇する。そこで、自分の外部にヒントやきっかけを求める。鏡の作業が有効なのは、他者から手がかりを得ても、作品化にあたっては自分の中に棲むキャラクターに落とし込まなければならないからだ。どんなに興味深いヒントでも、自分の中に片鱗さえ発見できない人物は材料として不向きである。

テレビや映画から材料を探すのは、慣れるまではやめたほうがいい。映像になっているということは、すでに何らかの価値のフィルターがかかっているからだ。違和感を見つけても、他人の違和感を追随しているだけかもしれない。自分の中で違和感と真摯に向き合うこと。表現活動には、感性と対峙する作業が欠かせない。

そこで、家を出て、人が集まりそうなところに足を運んでみる。日中の電車。車内にはさまざまな人がいるが、目を引く人はどれくらいいるだろうか。ベビーカーのハンドルをつかみ、車内の吊り広告を眺めるお母さん。新聞を折りたたんで読んでいる熟年男性。スマホの画面をスワイプするビジネスマン。参考書を開いている学生……インスピレーションが湧かない。そういう時は、あせらずに待つ。釣りと同じだ。「当たり」がないのに竿《さお》を引き上げても釣果はない。

「痛たたたた！」

電車の扉に両肩をはさまれた中年女性だ。駆け込み乗車をして、はさまれたようである。扉がもう一度開き、彼女は自分をはさんだドアをにらみつけて乗り込んでくる。扉が閉じると、「無理なご乗車はご遠慮ください」という車内アナウンス。天井のスピーカーをにらみつけて、その放送を聞いた女性は、

「え、これ、あたしらのこと？　じゃかあしいわっ！」

と不平をぶちまける。声が大きい。足はガニマタぎみ。ダミ声の関西弁だ。眉間にしわが寄り、世の中すべてが不満でしょうがない、という顔つきをしている。女性は周囲をキョロキョロと見渡し、空いている席を発見する。

「あった！」

他の乗客をどたどたとかき分けて座る。一緒に乗ってきた同年代の女性は友人らしい。自分の横に

少し隙間があったので、両腕のひじから先をさかんに動かして手招きする。

「山崎さん、空いてるで」

と自分の右側にむりやり座らせる。いざ座ると、やや窮屈だ。たまらず左隣の男性がどく。

「や、ごめんな、お兄ちゃん」

せわしない。常に何かに取り組んでいないと不安に襲われるのかもしれない。

――この女性はいけそうだ。当たりが来た。動向を見逃さないようにしよう。

電車まで走ったのだろう。

「暑っ、汗かいてもうたわ」

と右の手のひらで顔をあおいでいる。

扉は閉じたものの、車両は動き出さない。すると、ハンドバッグからごそごそと携帯電話を取り出し、おもむろに会話を始める。車内通話を「山崎さん」にたしなめられるが、

「あそこのお姉ちゃんかて、かけてるやん。かまへんかまへん」

と取り合わない。待ち合わせをしている友人に連絡している様子だ。

「あ、木村さん？　今ねぇ、高田馬場。どこ？　もう渋谷？」

「まもなく発車します」とアナウンスが入り、車両はおもむろに動き出す。

「もうちょっとしたら行くわ。ほなねぇ」

電車が動いたら通話はよくない、というのが彼女独自のルールらしい。連絡がついて落ち着くかと思ったが、そうはいかない。通話相手だった「木村さん」の悪口を「山崎さん」にぶつけている。「山崎さん」は同意しづらいが無視もできず、困ったような笑い顔。「山崎さん」がほとんど視界に入

っていないので、女性はその困惑に気づかない。

電車は次の駅に停車する。彼女はプラットホームの駅名標を目で追う。そして、やにわに叫ぶ。

「いや！　ちょっと！　目白やて！　山崎さん、私ら反対側乗ってしもたわ。はよ降りな」

目白駅は高田馬場駅の隣だが、渋谷方面ではない。山手線は環状線で、慣れないとこういうことがある。時計回りを「外回り」、反対を「内回り」と呼んでいるが、乗り場が同じプラットホームの左右にあることも多く、車両も同じなので、混乱する。こうして車内は静けさを取り戻した。

――この女性を材料に《ものまね》を作ろう。

まずは題材の名を決める。ここで決めるのは「開発コード」だ。製作中の作品につける仮称である。一本の作品をまとめるにあたっては、さまざまな材料を吟味し、付け加え、削り取る。その際には、骨格となる発想や観点が必要だ。コンセプトの核となるものが、開発コードになる。創作意欲を集約し、作り手の思いや祈りを象徴する題名があると、作業ははかどる。何らかの形で観客に発表する場合の作品名は、最後の最後に決めればよい。

名前は何のひねりもなく以下のようにした。

『電車のおばちゃん』

『電車の関西弁のおばちゃん』では長い。『おばさん』だと親戚の意味も入って曖昧になる。

――これでいい。さっそく製作に取りかかろう。

整理と分析

まずは見聞きしたことを思い出し、メモにする。その上で、身体や声の傾向を抽出する。並行して

「電車のおばちゃん」（以下「おばちゃん」）の心の内を推し量っていく。ネタ元の「内部論理」を探るのである。

動作の特徴を拾うと、いくつかある。「ガニマタぎみ」、「どたどた歩く」、「両腕のひじから先を使って手招きする」、「手のひらで顔をあおぐ」、「ハンドバッグを抱えている」――これらは使えそうだ。「ハンドバッグの持ち方」、「歩き方と腰の高さ」、「手招きの動き」、「顔のあおぎ方」を具体的に再現する。「ガニマタぎみ」なので「どたどた歩く」のだろう。

声や表情は、「声が大きい」、「ダミ声の関西弁」、「眉間にしわが寄り、不満気」。改めて思い返すと、あごを引いて上目遣いになる瞬間も多かった。それも取り入れる。顔は鏡を見て検討する。

ある程度、把握できたら実際に動く。これは何度も行う。初心者は繰り返さない傾向があるが、それは真似る難しさが身にしみていないせいだ。ビギナーが見たら驚きあきれるほど、ベテランはこの稽古を重ねる。自分を消して身体に別の人格を宿らせようというのだ。生半可なことではできない。できあがったものを集団の仲間に見せ、そこから選抜されて本番を迎える場合、信じられないほど反復することになる。それゆえ、ネタ探しが重要だ。「違和感」のはっきりしない対象は、何度も稽古する気になれないからである。

行動や思考の「癖」はどうだろうか。それを探る作業を「解釈」と呼ぶ。戯曲を読む場合も、《ものまね》を作る際も、対象を解釈する必要がある。いわば調理だ。釣った魚をそのまま皿に載せて出しても喜ばれない。作り手の意思に沿って加工する必要がある。「刺身」、「焼く」、「煮る」、「擂《す》って揚げる」……それが解釈だ。もちろん、選択肢の中には「釣ったままの魚を何の加工もせずに出す」というものもあってよい。その場合、ただ無思慮に「釣った魚を出す」のとは違って、そうすることの意味が付与されている。解釈如何《いかん》で材料がどのように観客に届くかが決まる。慎重に、かつ大胆に進めていく。

閉まりかけた扉に強引に身体を入れて乗り込んできたのだから、自己本位な行動をとることが多い、と予想がつく。「痛たたたた！」「じゃかあしいわっ！」「あった！」「あそこのお姉ちゃんかて、かけてるやん」といった言葉にも、物事を自分中心に考える傾向がうかがえる。そして、ドアにはさまれた直後なのに空席探しに血まなこになっていた。行動力があり、要領がいい。その情熱には感心するが、そんなに必死になることだろうか、という疑問も残る。

携帯電話の一件からは、車内マナーが一般常識とずれていることがわかる。興味のある事象には事細かに注文をつけ、主張や批判を展開するが、そうでないものにはいっさい関心がない。おそらく世事には疎《うと》い。

電話の直後に「木村さん」を悪く言うのは大人気ない。しかし、それは責められることばかりでなく、「おばちゃん」の魅力でもある。「正直」で「率直」なのだ。次の駅についた途端、自分の乗った電車が間違っていたことがわかり、大慌てで出ていく。「社会性に乏しい」、「迷惑」ともとれるが、その「間抜け」な感じは「憎めない」。

動きと表情と声が身体になじんできたら、組み立てに入る。「社会性に乏しい」、「迷惑」な感じと、それでいて「間抜け」で「憎めない」ニュアンスをどこに込めるか、どのように見せるかを具体的に検討していく。

組み立て

続いて、起こったことを整理し、筋立てを考える。さまざまな材料を切ったり貼ったりしていく。大きな流れとしては、［おばちゃん］がドアにはさまれて登場し、最後は［山崎さん］を連れて車両を出ていくところで終わりたい。その間に他の細かい出来事を挿入する。まず、実際の車内で起こったことを順番に並べてみよう。

ドアにはさまれる　↓　乗り込んで、車内アナウンスに悪態をつく　↓　空席を見つけて腰かける　↓　隙間に［山崎さん］を座らせる　↓　こらえきれずに隣の男性が立ち上がり、ゆったり座れる　↓　顔をあおぐ　↓　携帯電話を取り出して［木村さん］にかける　↓　通話をたしなめられる　↓　電車が動き出して電話を切る　↓　［木村さん］の悪口を言う　↓　次の駅名標を見て、違う電車に乗っていたことに気づく　↓　［山崎さん］を連れて、あたふたと車両をあとにする。

見たところ、特に削るべき出来事はない。逆に、これだけでは短くて食い足りない。今までに見たいろいろなエピソードで使えるものがないかを検討する。この作業は多岐にわたるので、代表的な箇所を紹介しよう。

山手線の高田馬場 - 目白駅間に要する時間は二分程度。その間に起きたのは「電話を切って［木村さん］の悪口を言う」ことだけだ。停車中に起きたことが比較的多いのに比べ、走行中の材料が乏しい。二分かかるからといって、舞台上で同じ時間をかけることはない。だが、「そんなに早く着くはずないだろう？」と客席から疑われない程度のボリュームは欲しい。

［木村さん］との電話を終えたあとにエピソードを加える。「せわしなく、落ち着きがない」、「面倒だけど、憎めない」キャラクターを補強できそうなのは、どのようなものか。

たとえば、以下のような出来事はどうだろうか。

切ったと思っていた携帯電話が実は通話中で、悪口を［木村さん］にすっかり聞かれてしまう。［山崎さん］の指摘で［おばちゃん］はそれに気づく。しかし、あとの祭りだ。［木村さん］は電話口の向こうで怒り、悲しみ、［おばちゃん］はその対応に苦慮する。

当然、こうしたアイデアはすんなり出てこない。さまざまな発想を行きつ戻りつして試行錯誤した末に導き出されるものだ。

ここで新たな問題が浮上する。不注意とはいえ、いくら何でも電話を切らないということがあるだろうか。使い慣れていれば、自覚がなくても反射的に切るのではないか。ならば、［おばちゃん］を携帯電話の操作に慣れていない初心者にしよう。

おそらく、［おばちゃん］は娘からの誕生日プレゼントで今日この携帯電話をもらったばかりなのだ。それをハンドバッグからそっと出して、［山崎さん］に見せびらかす。ところが、電源の入れ方がわからない。［山崎さん］に教えてもらって、ようやく［木村さん］につながる、という流れはどうだろうか。

モデルになった女性は、ごくふつうに電話を切っていた。しかし、［おばちゃん］は電源を入れることさえ、おぼつかない。切り方にも当然、自信がない。そこで、［木村さん］へのお詫びのあとに電話を切るエピソードも挿入する。

仕上げ

切り貼りは続く。筋立てに整合性をつけ、細かいバランスをとっていく。

たとえば、実際には女性たちが乗り込んで扉は閉まったが、しばらく発車しなかった。「無理なご乗車はご遠慮ください」のあとはアナウンスもなかった。作品化にあたっては、なぜ遅れたのかをはっきりさせたい。すぐに発車させるという選択肢もあるが、そうなると「おばちゃん」が「木村さん」に電話をするタイミングがなくなる。「おばちゃん」のキャラクターを変更して、走っている車内でも堂々と電話をする人にする手もあるが、「走り出すまではＯＫ」という独自ルールの面白さは捨てがたい。そこで、車内に急病人が出たことにする。駆け込み乗車には遠慮なく扉を閉めるのに、急病人には時間をとる状態に「おばちゃん」は憤《いきどお》る。彼女はこれを不公平と考えるのだ。こうすると、独りよがりな理屈で動いているキャラクターが際立つ。

「木村さん」との待ち合わせは、どこだろうか。渋谷なら、スクランブル交差点の「スターバックス」にしよう。「おばちゃん」は当然知らない。聞き間違えるに違いない。その候補は「スタータックス」、「スターワックス」、「スタージャックス」、さらに「ウターバックス」、「ツターバックス」、「ブターバックス」……「スター」部分をいじるとキレが悪い。

《ものまね》の仕上げは緻密な作業になる。相談した仲間から「ダックス」はどうか、というアイデアが出る。「スターダックス」。「ダックス」は英語の「カモ」、「アヒル」だ。「スターバックス」のスマートなイメージが、一字違いでやぼったく、泥臭いものになる。――これでいこう。

なぜ細かいことにこだわるのか。「神は細部に宿る」からである。「蟻《あり》の一穴《いっけつ》」ではないが、ディテールの詰めが甘いと作品全体の面白さが損なわれる。ル・コルビュジエ、フランク・ロイド・ライトとともに近代建築の三巨匠と称されるミース・ファン・デル・ローエの言葉だ。鉄骨とガラスだけを用い、余計な装飾を排したミニマリズムの大家がこの言葉に込めた意味は、どのようなものだろうか。彼の設計した建築物は、シンプルで、何気なく、一見思いつきのまま建てられたように見える。しかし、シンプルなものに美しさと深さと広がりと強さをもたせるには、細部へのこだわりが欠かせない。彼の言葉は、専門的には建築の接合部のデザインなどについて言及したものと言われるが、他の表現にも通じる。魅力的で精妙な細部へのこだわりとその積み重ねが、優れた構造物を生み出すのである。

『電車のおばちゃん』

では、完成品を見ていこう。［おばちゃん］の駆け込み乗車からだ。

おばちゃん、ホームを走って来て叫ぶ。

おばちゃん　山崎さん、山崎さん、電車止めといて！

［山崎さん］が先に走って乗車することにした。［おばちゃん］の不器用で友人を見下した感じが強調される。

扉にはさまれる。

おばちゃん　痛たたたた！

扉が再度開き、中に入る。

おばちゃん　痛ったぁ、（扉をにらんで）何をすんねんなもう。

無理な乗車を遠慮するよう車内にアナウンスが流れ、しばしそれを聞く。

おばちゃん　え？　「無理なご乗車」って、あたしらのこと？　じゃかあしいわっ！

本人はつぶやいているつもりなのかもしれないが、車内中に聞こえる。

もちろん舞台上では、アナウンスはない。扉もない。［山崎さん］もいない。身体一つで観客に想像させるのである。

空席を見つけ、

おばちゃん　あった！　山崎さん、席空いてんで。（と人をかき分け）ちょっとごめんなさいね、ごめんなさいね。

バッグで椅子を確保し、両側に確認する。

おばちゃん　ええんですか？　ええんですか？　山崎さん、座りて。ええから座りて。

いちおう［山崎さん］への配慮はあることにする。とっとと自分が座る前に、まず相手に勧める。舞台上には椅子一脚しかなく、俳優は携帯電話の入ったハンドバッグしかもっていない。しかし、観客に混んだ車内を想像してもらうため、視線の置き方、人をかき分ける力感、話し方を工夫する。

山崎さんは遠慮する。

おばちゃん　あ、そう？　ほな座らせてもらうわ。

隙間に気づいて、

おばちゃん　山崎さん、空いてるで。こんだけあったら座れるて。ええから、座り。座りて。

山崎さんは、しぶしぶ座る。

おばちゃん　あんた、お尻おっきいなぁ。

左隣の男性がたまらずにどく。

おばちゃん　あ、ごめんな、お兄ちゃん、ありがとう。よかったなぁ。

手のひらで顔をあおぎ、

おばちゃん　あぁ、暑ぅ、汗かいてもうたわ。

しばしあおぐが、車内の様子が少しおかしい。

おばちゃん　なあ、この電車、動いてへんことない？　なあ、止まってるやんなぁ。なんやの、ほな走ることなかったやんか。

車内で急病人が出た旨のアナウンスを聞いて。

おばちゃん　え？　急病人？　あ、そうですか、人はさんどいて急病人は助けるんですか、ふーん！

と腹を立てるものの、すぐに切り替わる。

おばちゃん　あ、せや、木村さんに電話せな。

とバッグから携帯を取り出し、山崎さんに見せる。

おばちゃん　え？　これ？　そうやねん。ついに私も携帯もったんよぉ。今朝、娘にもろてねえ。ほら、私、今日誕生日やん？

知らなかったことをあやまる山崎さんを見て、

おばちゃん　いや、そんなつもりで言うたんと違うて。ええて、気にせんといて。私かて、山崎さんの誕生日、知らんもん。ええて。あ、そう？　おごってくれんの？　いや、うれしいわぁ。ありがとう。

とにかくけたたましい。それを表現するには、俳優が自身の生理速度よりも早くしゃべり、動く必要がある。それが実現できるのは、逆に自分の生理速度に敏感だからだ。

おばちゃん　あ、せや、木村さん、木村さん。

携帯の使い方がわからない。

おばちゃん　何これ、どないしたらええのん？

山崎さんが、おばちゃんの手をとって二つ折りの携帯を開ける。

おばちゃん　あぁ！　出てきた！　木村さんの番号知ってる？

山崎さんに車内通話を軽くたしなめられる。

おばちゃん　え？　あそこのお姉ちゃんかて、かけてるやん。かまへんかまへん。えぇと（と番号を押し）で？　どないすんの？　押して？　あー、かかってる、かかってる（よそいきの声で）もしもし……あ、木村さん？（声が戻る）あたしあたし、やー、ごめんな、遅なってぇ。今、電車止まっててな。え？　今ねぇ、高田馬場。今どこ？　え？　渋谷のスターダックス？　何それ？　知らんわ。

山崎さんに「その場所ならわかっているから」と告げられる。

おばちゃん　（山崎さんに）え？　あぁ。（木村さんに）山崎さん知ってるて。

ようやく電車が動き出し、立っていた客に足を踏まれる。

おばちゃん　痛たたたた！　ほんまにもうぅ！　何をすんねんな。（木村さんに）あ、ごめんごめん。こっちの話。うん。電車動き出したし、もうちょっとしたら行くわ。ほなねぇ。あとでねぇ。はいはいはいはい。

通話を終え、おばちゃんは電話を切ったつもりで、木村さんの悪口を言い始める。

おばちゃん　はあぁ？　なぁにがカフェーや、若い子ぶって。またどうせピンクでフリフリの若い格好してくんねんで。

山崎さんに電話が切れていないことを指摘される。

おばちゃん　え？　もしもし……いやぁ、ちょっと切ってよ、やらしぃなぁ。ごめんごめん、冗談やて。泣かんといて。面倒くさいなぁ、あんたも。……ほなねぇ、あとでねぇ。

同乗していたら、うるさくて身勝手な女性だ、と不愉快に感じるだろう。しかし、観客はここで笑う。聞こえないアナウンス、実在しない同乗者たち、いない友人との会話。これらは観客の想像力の産物である。それを引き出せた段階で、俳優の「動作」は「芸」になる。落語の中のそばや饅頭《まんじゅう》や酒と同じだ。ないはずのものが、演じ手の動き一つで、くっきりと姿を現す。「芸」になった途端、生々しさや不愉快さは消えてしまうのだ。

また、もしここで笑いながらも［おばちゃん］の不用意と無神経さに腹を立て、［山崎さん］や

［木村さん］に同情するなら、私たちはすでにこの「芸」の術中にはまっている。会ったこともない［おばちゃん］たちに、いつのまにか感情移入を始めているからだ。心の中で彼女がリアリティをもって呼吸を始めたのである。

電話をあちこちから見て、
おばちゃん　どないして切るの？　こんなん、わからへんわ、私、初めてやもん。
山崎さんに操作してもらって切る。
電車の速度が落ち、次の駅に停止する。駅名標を見て、
おばちゃん　いや！　ちょっと！　目白やて！　山崎さん、私ら反対側乗ってしもたわ。はよ降りな。ちょっとごめんなさいね。ごめんなさいね。（と人をかき分け）山崎さん、はよう！
と車外に出て、終了。

4　効用

「いじわる」な視点

演者は［おばちゃん］を執拗に「いじわる」な視点から描いている。悪いことではない。むしろ素晴らしい。「いじわる」は［おばちゃん］がもつ「違和感」への容赦のなさであり、それが完成度を高めている。それゆえ、観客は実物に会ったこともないのに、［おばちゃん］的な「違和感」を共有

できる。

俳優には「いじわる」な心が欠かせない。《ものまね》にせよ、台本の役作りにせよ、俳優が創作の前に手にする情報量は膨大だ。無駄を排し、使える材料を順序よく並べて、観客につかめる流れを作り出す。ひととおりできあがっても、ネタの入れ替え、追加修正は必ず出てくる。その際、指標となるのが役の「解釈」だ。短い時間に「おばちゃん」を特徴づけ、客席が興味をもてる内容にするには、大胆な解釈が必要になる。本物を知る人が「彼女はこんな人ではない」と反論するような解釈でもかまわない。創作者の解釈が当たれば、作品は輝きを増す。「いじわる」とは、切れ味のいい解釈のことだ。「いじわる」な視点に欠け、材料を漫然と再生産している作品もある。「で、いったい何が見せたいのか」と感じる。狙いがはっきりしないのは、演者がふだんから世の中を「いじわる」な視点で眺めていないせいだ。表現者は悪意という匕首《あいくち》を懐《ふところ》に呑んでおく必要がある。それを上手に扱って、人々が見過ごしている問題を拾い集め、表現に結びつけるのである。

観客に悪意しか伝わらないのではないか、という危惧があるかもしれない。ところが、そこに「演劇の魔術」が働く。悪意を煮つめると、愛情がにじみ出る。一見矛盾しているが、「真似る」行為には「悪意」と「愛情」の両方が含まれている。嫌悪感や憎悪しかもてない相手を真似たいとは思わない。腹立たしく不愉快な人に、それでもどこか憎めない同情すべき点があるからこそ、《ものまね》の材料になる。一歩引いて「おばちゃん」の立ち居ふるまいを俯瞰するのだ。

「おばちゃん」と日常で同乗しただけなら、まるで意識しないか、見て見ぬふりをするか、「つまらん」と切り捨ててしまうだろう。愛情を感じる余地はない。けれども、題材として吟味すると、「ただうるさくて面倒な人」というイメージは覆《くつがえ》される。「面倒な人」の背後に「いつも目の前のことに一生懸命、でもおっちょこちょい」という愛すべきキャラクターが浮かび上がる。浮かび上がる内容は、作り手に託されている。演者が愛情を意識するから、見ている人にも伝わる。愛情を感じない《ものまね》は魅力に欠ける。

もし［おばちゃん］が礼儀をわきまえ、課題をそつなくこなし、大したしくじりもない場合、舞台上の彼女の魅力は大きく低下するだろう。舞台上の価値逆転の現象によって、日常では困った出来事や始末に負えない人物が魅力的に見えてくるのだ。

さまざまな作品と効用

私は稽古場で多彩な作品に接してきた。紹介した『電車のおばちゃん』は、ある意味で「正統派」だ。「身近にいる印象的な人」を材料にしている。「正統派」には、強烈なキャラクターを描いたものとは別に、職業的な類型を描くものもある。たとえば、バスの運転手や電車の車掌である。職種ならではの「違和感」のある身ぶりや話し方が決まっている。それを材料にする。新しいモノ、面白いモノを求めていくと、「正統派」でないモノも出現する。

その一つに「日常開示系」がある。「正統派」とは違うアプローチだ。《ものまね》を発表する際、いつも新たな「印象的な人」が見つかるとは限らない。「いっそ、自分の日常を材料にしたら」と発想しても不思議はない。「日常開示」だからといって、見覚えのある本人が自己情報を開示しても、面白くない。扱われている情報は自分のプライベートでも、語り口を転換する。ふだんの自分とはキャラクターを変えるのだ。たとえば、ひどく暴力的で邪悪な自分に、自己の暗部を語らせる。あるいは、臆病で弱そうな人格で、自身を卑屈に物語る。自分の慎ましい日常生活を歌舞伎のような演技で描いたものもあった。キャラクターの持ち味に合わせて、材料が加工され、デフォルメされていくのも興味深い。

「人間でないもの系」と呼ばれるものもある。これは「公園の鳩」や「池の鯉」がモチーフだ。動物園に出かけてサルやゾウやキリンの形態模写をするトレーニングがある。鳩や鯉はその訓練と同じカテゴリーだ。哺乳類に比べて知能が高くない鳩や鯉は、動きを真似るだけでは退屈である。観客に「もしかしてコレ私たち？」と感じさせるようなしぐさが入ってくると、客席の好奇心は刺激される。群れから離れて一羽エサをついばむ鳩。小刻みに首を動かし、周囲を警戒しつつ、ゆっくりと足を運び、合間に地面の食べ物や小石をつつく。あたかも、教室や会社で、先生や上司の目を盗んで、こっそり弁当を食べたり、趣味の雑誌を盗み見たりしているふるまいに見えてくる。撒いたエサに池の鯉が群がり寄せる。観客が満員電車で押し合いへし合いする自らの通勤通学中の奮闘や苦痛を感じることができれば、面白い作品になる。アニメの登場人物を題材にしたものも「人間でないもの系」の範疇だ。

いよいよネタがなくなると、自分の周囲には決していない人を作品化する。「ありえない人系」の作品群だ。スナイパーで、オリンピック選手顔負けの脚力をもち、鰻《うなぎ》の蒲焼と半身浴を愛し、仕事あとは超高級シャンパンで安いハンバーガーを流し込む、世界中が自分にひれ伏していると信じて疑わない、奇妙きてれつな女性。存在が突飛すぎて、好奇心を煽《あお》られる。他にも、江戸の街にあふれていた人々——魚屋、火消し、伝令の武士、殿様、忍びの者、遊女、船頭、大工、博徒など——二〇人もの人々を次々と描いたものもあった。それぞれのセリフは一言か二言。しかし、徐々に街の輪郭が明確になり、大工が落とした煙管《キセル》の灰が原因で江戸市中に火事が広がる。それを一人で演じるのだ。

物への共感が生まれてくる。

＊

《ものまね》には、材料となる人物や対象への理解を深める効果がある。「おばちゃん」の場合も、《ものまね》の題材になったことで、観客の中に新たな感情の「住所番地」が設定され、そうした人物への共感が生まれてくる。

また、うまくできた《ものまね》は、演じた本人の好感度も上げる。観客は、演じ手その人がわかったような気になる。「わかる」わけではない。「わかったような気になる」のだ。「知らなかった人」と「わかったような気になる人」では、大きな開きがある。「わかったような気になる人」には感情移入しやすい。直接の知り合いでもないのに、声をかけられそうな気がする。有名人というのは、そういう人たちのことである。彼らが商行為の広告塔として活用されるのは、消費者のそのような受け取り方を背景にしている。感情移入しやすい人は、商業活動に役立つのだ。詳細な履歴書は、受験や就職には有効かもしれないが、利害関係のない他者として演者を見る場合、履歴書よりも《ものまね》に触れたほうが、その何倍も「わかったような気になる」ものである。

つまり、高品質の《ものまね》では、終演時に演じ手と素材の両方が観客から愛されていることになる。素敵な《ものまね》に触れると、人間が今までより好きになるのだ。

《ものまね》の稽古を重ねると、他者への興味が増す。今まで「嫌だ」、「面倒だ」と避けていた人と出会っても、その先にどんな愛すべき点が隠されているのか、と好奇心が働くようになる。〈演劇的教養〉は、何よりも「人間が好きになり」、「人間を楽しむ」教養なのだ。

第四章　《ショート・ストーリーズ》

1　準備

ドラマのデッサン

《ショート・ストーリーズ》は、文字どおり「短いお話」、すなわち寸劇を作る訓練だ。

参加メンバーを二〜五人程度のチームに分け、それぞれのチームで相談しながら、五〜一〇分くらいの作品を創作し、他のメンバーに披露する。それだけの稽古だが、いざ取り組むと、何を作ればいいのか見当がつかない、相談がまとまらず創作が進まない、物語をどう進めればよいかわからない、といった課題が立ちはだかる。しかし、繰り返し行えば、演劇表現の可能性や深みを味わえる、魅力的な稽古方法であることがわかる。

あくまでも創作行為なのだから、どんな寸劇でもかまわない。だが、最初からすべてを自由にすると、とりとめがなくなり、相談に入ることさえおぼつかない。絵の初心者がデッサンやスケッチに取り組むように、はじめはひととおり手順やルールを決めておく。ピカソもカンディンスキーも、絵画への入口はデッサンやスケッチだったはずだ。

寸劇で描きたいのは、チームのメンバーにとって「切実で深刻と考えられるドラマ」だ。

では、「ドラマ」とは何か。「劇的な出来事」（『広辞苑』）、「人の世に生じる劇的な出来事」（『大辞林』）。「劇的」とは「緊張し感激させられるさま」（『広辞苑』）、「劇を見ているような強い緊張や感動を覚えたり、変化に富んだりしているさま」（『大辞林』）と定義されている。

「ドラマ」と耳にすると、多くの人は自分とは直接縁のない、新聞やテレビのニュースで見聞きするもの、もしくは演劇や映像の世界だと考えている。もちろん、私たちは殺人やハイジャックが日常的に横行する場所に暮らしているわけではない。だからといって、何一つドラマのないところで呼吸しているわけでもないのだ。

戯曲や脚本には、ドラマが描かれている。劇作家や脚本家が人生のさまざまな場面から拾い上げ、組み立てたドラマだ。では、そこに書かれたセリフを口に出して読めば自動的に「劇的」な場面が立ち上がってくるかというと、そんなことはない。セリフと行間から俳優や演出家やスタッフといったそれぞれの製作者がドラマを読み取り、舞台上に構築して初めて、演劇になる。製作に関わる者は、ドラマに敏感であることが求められる。戯曲や文学作品からさまざまなドラマを見つけ出し、その上で自分たちが表現すべきはどのドラマなのかを嗅ぎ取っていく繊細なセンサーが必要だ。魅力的な演劇を作ることができるかどうかは、そこにかかっている。

戯曲上に書かれたものばかりが「ドラマ」ではない。何の変哲もない、いつもと変わらない光景として捉えがちな私たちの日常生活にも、ドラマはあふれている。とはいえ、いちいち関わってはいられない。われわれは知らぬ間に近接するドラマを無視し、あるいは無頓着になっているだけだ。その状態が続くと、「私」はドラマとは無縁だと考えるようになってしまう。「私にはドラマがない」という感覚が深まると、生活にうるおいがなくなる。より豊かな人間性を獲得していく上でも、このトレーニングは役に立つ。私たちはドラマに取り囲まれているのだ。《ショート・ストーリーズ》で、それに気づくと、生活の奥行きが味わえるようになる。これもまた重要な〈演劇的教養〉の一つだ。

作劇上の手順やルール

さっそく手順とルールを説明しよう。どんなドラマから出発すればいいだろうか。まずは私たちの周囲、「現代の日本」を舞台にしてみよう。未来都市や海外の情景は描かない。時代劇にもしない。そして、演者はことさら演技しようと考えなくてよい。現実生活に近い虚構世界で、もし自分がその状況に置かれたらどのように行動し、発言するか、という想定で演技をしてみるのである。

最初に、登場人物の、つまりチームメンバーの寸劇上の関係を模索する。できるだけ親しい関係がよい。「家族」、「同級生」、「職場の同僚、上司と部下」、「同じサークルの仲間」……共通の話題が豊富にある関係が望ましい。「家族」でも「夫婦」、「母娘」、「姉弟」、「祖父と孫娘」と、さまざまなバリエーションが考えられる。四〜五人編成のチームなら、部外者がいてもかまわない。

親しい関係は共有している情報が多いので、複雑で込み入ったドラマを作りやすい。利害関係だけでなく、愛情や憎悪、今までに蓄積された種々の感情がドラマに反映するからだ。その関係の中で、何が起きるのか、どんな出来事を起こすのか。メンバー間の話し合いで、できるだけ多くのアイデアを出していく。

たとえば「結婚準備」というアイデアが出たとしよう。すべての夫婦が一度は経験する身近な素材であり、作劇上の題材が豊富に思い浮かびそうだ。そこで、その成り行きを想像し、ふくらましていく。

結婚を決意したカップル ↓ 両親が遠くに暮らしているので、感触を確かめるため、まず近くに住む姉に相談する ↓ 相談に乗る姉 ↓ ところが、姉は思いがけない理由で二人の結婚に反対する ↓ 動揺する二人。

このあたりまで進んだら、いったん措いて別のアイデアを探る。アイデアが一つしかないと、話し合いがいきづまった際、選択肢がなくなってしまうからだ。いきづまって再びゼロから考え直してもいいが、発表時間が迫っていたりすると、気があせって、よいアイデアが出てきにくい。作業手順としては、いろいろなアイデアを出し、ひととおり出たところで、取り組みやすい、取り組みがいのある題材を選んで、製作に入っていけばいい。

次に、出来事の舞台、描く場所はどこかを考える。「ファミリーレストランの一画」、「公園のベンチ」、「病院の待合室」、「職場の給湯室」など、どこでもかまわない。ただし、今メンバーのいる会場(稽古場)を自分たちで設定した場所に変える、ということは忘れないようにする。「商店街」、「ハイキングコース」、「美術館」といった場所は、映像なら魅力的なロケーションだが、《ショート・ストーリーズ》では勧められない。俳優の演技だけでその場所を観客に想起させ、イメージを持ち続けてもらうのが難しいからだ。

「ファミリーレストラン」を選んだ場合なら、店員という部外者を一人、配役する。そうしないと、そこが「ファミリーレストラン」であることが伝わりにくい。店舗を舞台にする場合は、従業員を登場させる。

自分の役の年齢や性別については嘘をつかない。年齢の隔たった子供や赤ん坊、高齢者にならない。男性は男性役を、女性は女性役をやる。しゃべり慣れない言葉遣いはしない。かかったことのない病気を患《わずら》う人にもならない。医者や弁護士のような専門的な職種に挑むのも避ける。会話が続かず、空間が成立しないからである。

続いて、季節や時間はいつか。私たちは、場所や相手によって話す内容や話し方を変えるが、季節や時間にも影響される。「暑い夏の夜」と「冬の寒い朝」では、同じ場所で同じ相手と話をしても、話題にする事柄や口調に違いが出る。これらも仮に決めておく。

小道具は、できるだけ用意し、演じている間に使うようにする。前に触れた「リアリティ」が出るからだ（詳しくは、あとで述べる）。この「リアリティ」が、この稽古のキーワードになる。

チームのメンバーは全員出演する。誰かが演出担当になって、出演せずに見る、ということはしない。かといって、はじめから終わりまで全員が出ずっぱりである必要もない。物語に応じて出入りがあったほうが変化を作りやすい。

先ほど決めた場所や季節・時間は転換しない。一つの場所で、ひとつながりの時間の中で寸劇を完結する。寸劇の冒頭や途中で「ここは、とある家の食卓……」とか「職場で事件が持ち上がった……」といったナレーションは、はさまない。あくまでもセリフや演技を通じて、そこがどこであり、どんな様子なのかを伝えていく。演劇による描き方、つまり舞台上の文法を習得するという狙いがあるからだ。

「一つの場所で、ひとつながりの時間の中で寸劇を完結する」と言うと、「完結」にこだわるあまり、ありえないオチや都合のよすぎる結末を強引に用意してしまうことがあるが、これも不要だ。安易なオチでお茶を濁すのではなく、どんな終わり方が自分たちにとって面白いものなのかを考える。

個々のしゃべるセリフは、メンバーで相談し、稽古の繰り返しの中で決めていく。台本は準備しない。

さて、いよいよメンバーの「関係」、「出来事」、「場所」、「季節・時間」が決まった。このあと、どのようにして空間を立ち上げていくのか。そのとき気をつけることは何か。いきなりは難しい。そこで、準備段階として行う基礎的なトレーニングを紹介しよう。

2　基礎トレーニング『同性結婚』

舞台は「喫茶店」

基礎トレーニングでは、本来チームの相談で決める基本的な設定をインストラクターのほうであらかじめ用意しておき、その上で上演メンバーを指名して、即興の寸劇を作っていく。

部屋の中央に四人がけの場所を作る。長机を二つ対面させて並べ、椅子を二脚ずつ並べる。二人ずつ向かい合わせの席だ。ここが寸劇の舞台になる。出演しない参加者は、周囲の好きなところに椅子を置いて座る。見づらい、もしくは別の角度で見たい場合は、移動してかまわない（図参照）。

メンバーの中から男性二人、女性二人を指名する。男性AとBには並んで座ってもらう。Aの正面に一人の女性C、机から少し離れたところにもう一人の女性Dが座る。この状態で、設定の説明を始める。

ここは「喫茶店」である。季節は「夏」、時間は「昼過ぎ」。男性二人は相思の間柄にある。CはA

の「姉」。Ｄは「店員」だ。男性二人がカップルだと聞いてメンバーはびっくりするが、「今時、それほどめずらしい話ではないですよね」と伝えると納得する。

ＡとＢは結婚を考えている。二ヵ月後には式を挙げたい。しかし、両親にいきなり話すのは気がひける。Ａの性的指向を両親は知らないし、同性との結婚には抵抗があるかもしれない。そこで姉を呼び出して事態を理解してもらい、両親にそれとなく伝えてもらおうと考えている。姉も弟の性的指向は知らない。高校時代に同じ学校の女の子と付き合っていたのを知っており、弟が男性と結婚するとは夢にも考えていない。

弟Ａは姉Ｃが頼みを聞いてくれるだろうと期待している。しかし、姉には何か「事情」があって、この結婚に賛成できない。

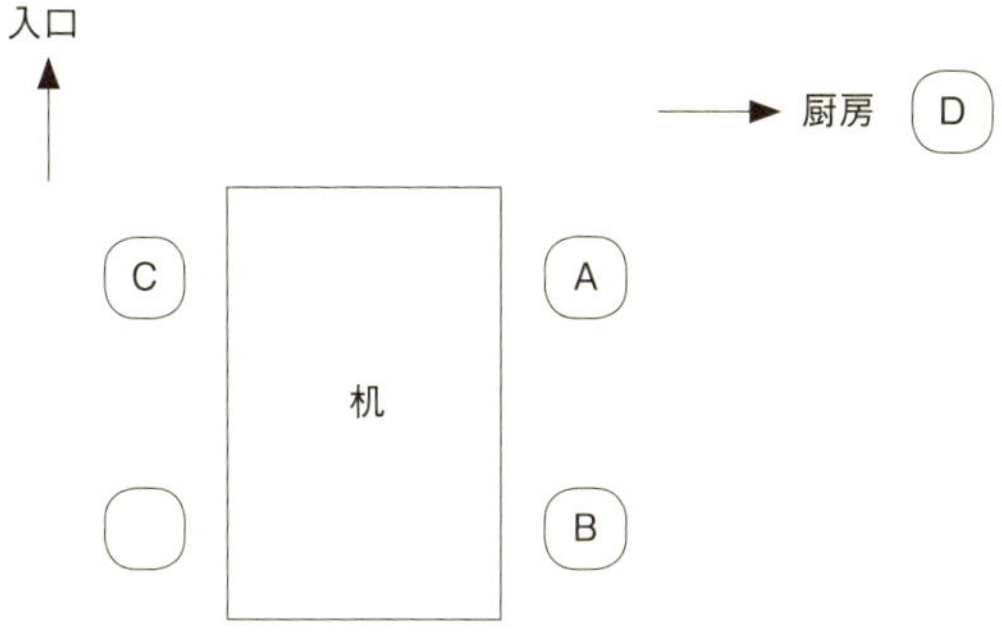

『同性結婚』の配置

さて、この寸劇のどこがドラマチックなのか。どこが切実で深刻なのか。切実はこの場合「身近で起こりうる」、深刻は「重大な出来事」と置き換えていいだろう。

自分に同性婚は起こりえないと考えていても、その人の家族や親戚、あるいは親しい友人や知人の中に同性婚を望む人がいないとは言いきれない。社会的にも性同一性障害や同性愛などへの理解を広げようという気運が高まっている。しかし、一方で、結婚という事象がからむと、社会的な理解だけでは割りきれないことも出てくる。同性婚に限らず、結婚には当人の意思とは直接関係のない、さまざまな要素がからむ。家業の継承に支障があれば、反対されるだろう。出自に対する偏見や、親戚に犯罪者がいる、という理由で周囲が難色を示すケースもある。ここで提示した設定は、多くの人の「身近で起こりうる」「重大な出来事」と考えられる。

姉C役の演者には、登場までの間、彼女がこの結婚に賛成しづらい「事情」を考えてもらう。

テーブルの上にはコップ二つとメニューを置く。コップには、実際には入っていないが、冷たい水が注がれている。男性二人が入店して席につき、店員が水とメニューをもってきて、いったん去った、というところから始める。

二人はメニューを見て注文を決める会話をする。呼ばれた「店員」は注文を聞く。そして、メニューを引き取り、その後、注文されたものをもって出てくる、という流れを決めておく。姉Cは、喫茶店の外で待機して、喫茶店の入口から少し離れたところに座り、インストラクターの合図で出るようにする。

寸劇はテーブルの男性二人の場面から始まる。

――「メニューを見ながら好きなように会話をしてください」。

結婚を考えている二人というが、説明を受けただけでは会話などできない。同性の恋人の関係を見せるのは難しい。発語しようとした瞬間、二人はそのことに気づく。

いったい、会話をスタートするには、何を決めなければならないのだろうか。二人には、それを考えてもらう。見ている他のメンバーも次に指名される可能性があるので、「自分ならどうするか」を考える。ここでいったん止まることで、自分が日常で他者と会話する際にはどんな前提条件があるのかを考えることになる。ふだんは「当然」と気にもとめない身近な人との会話の背後に、どれだけ多くの情報共有や人間関係や社会的規範があるのか。自分が無意識のうちに縛られると同時に支えられているものに改めて目を向ける。それが稽古の目的の一つだ。

リアリティのある設定

二人の職業は決めておく。結婚を考える関係なのだから、互いにある程度は把握しているのが自然だろう。職業は「学生」でも「無職」でも「メーカー勤務」、「公務員」、「運送業」でもかまわない。この職業、という限定はないが、いくらか内容を知っている職種のほうが会話ははずむ。職業が本人の生活にどんな影響を与えているかを連想しやすいからだ。学生なら講義や卒論、また部活やバイトの話、「無職」で「主夫」なら近頃の食料品の値段やワイドショーの話題を会話に盛り込むことができる。観客が「そういう人がいる」と信じやすくなること、それが「リアリティ」だ。リアリティがないと、観客の気持ちを舞台に引き込めない。

二人の職業に話を戻そう。銀行の業務を理解していないのに「金融業」を選んだり、何の知識もなく「警察官」や「消防士」を選択したりすると、のちのち会話にいきづまって、リアリティを失う。

次に、二人は同居か別居か。同居なら、いつからか。会話に反映される可能性が高いので、簡単に決めておく。正解はない。考え込む必要もない。ぱっと思いついたところで決める。寸劇が始まっても、おかしなところがあれば止めて、やり直すことができるので、気に入らない設定はその時々で修正すればよい。

忘れてはならないのが、二人がいつ、どのように知り合い、今に至っているか、ということである。これも相談して決めておく必要がある。そうしないと、姉への説明がしどろもどろになる。Aと

Bがふだんどのように呼び合っているのかも大切だ。これはCとAの姉弟の間についても事前に設定しておく。弟が姉に「お姉ちゃん」と呼びかけるのはめずらしくないが、姉が弟を口頭で「弟よ」と呼ぶことはない。通常は家族で呼び慣れた名前ではないだろうか。ここでは、AとBはそれぞれ「Aちゃん」、「Bくん」と呼び合うことにする。Cも弟を「Aちゃん」と呼ぶ。

これで会話はスタートできる。慣れれば、ここまで決めなくても、寸劇を進めつつ自然と調整できるようになるし、そのほうが、この稽古を楽しめる。あまり厳密に進めようとすると、かえって厄介だ。たとえば、結婚といっても、二人はどんな形態を考えているのか。現行の日本の法律では同性婚は認められていない。認められている国に移住・帰化して結婚する、日本の法律の範囲内で養子縁組という措置をとる、あるいは国内でパートナーシップを認めている地域に住む、仲間内に任意の宣言を行うにとどめる……と、考えるべきことに際限がなくなる。会話が成り立つ範囲で決め事をするにとどめ、進行に従ってそのつど追加していけばよい。

恋人の会話を始める

メニューを眺めて相談する二人に戻ろう。

A　Bくん、どうする?
B　コーヒーかな。
A　ホット?
B　うん。あと、あずきトースト。

Ａ　さっき、うちで朝ごはん食べたばっかりだろ。
Ｂ　ここのおいしいんだよ。Ａちゃんは？
Ａ　いいよ、ボクは。アイスコーヒーで。

会話の内容は問題ない。男性同士の恋人と聞いて、オネエ言葉になる人もいるが、無用だ。「さっき、うちで朝ごはん」の部分で、二人は一緒に暮らしているのかな、と感じられなくもない。単なるルームシェアかもしれず、たまたま泊まったともとれる。冒頭の会話は、この程度でかまわない。客席が少しひっかかるきっかけを作れればよいのだ。そうしたひっかかりは、「Ｂくん」、「Ａちゃん」という声のかけ方や「あずきトースト」と聞いた際の反応でも作ることができる。

ＡとＢの役には以下のように説明を加える。——寸劇をやると、役の人は往々にして、すべてを言葉で説明しようとする。しかし、ふだんの自分を振り返れば、親しい人との会話では余計な説明など入れず、簡潔に済ませていることが多い。簡潔すぎて、まわりの人が聞いても何の話かわからないことさえある。むしろ、そのほうがリアリティをもつ。

——「言葉に頼りすぎず、しぐさを重視してください」。

たとえば、二人とも出された水を飲んでいなかったが、せっかく用意されているのだから活用してほしい。今日のように暑い日は、どちらかがコップを手にとってもよかった。夏場は冷水のコップが結露してテーブルの上が濡れるので、それを卓上のナプキンで拭いてもよい。

また、今、二人でメニューを見ていたが、メニューの字や写真は見えていただろうか。そこにある小道具には何も書かれていない。ただのファイルだ。しかし、本来は「コーヒー」、「アイスコーヒー」、「あずきトースト」といった字が書かれているはずで、値段に加えて写真やイラストが添えられていることも多い。それを想像し、実際に見てほしい。自分の周囲を想像とともに眺めることが、ここで求められている演技だ。「メニューをどのように眺めれば本当らしく見えるか」と取り組んでも、観客には「喫茶店」が見えてこない。「メニューに実際に文字や絵が書いてある」と妄想する。演じ手がしっかりそれを信じれば、観客にもその世界が見えてくる。

私たちは、他の人と接する際、発する言葉だけで個々の人格や関係を判断しているわけではない。対象となる人の態度やふるまいから多くの判断材料を受け取っている。顔や目に一瞬浮かんだ表情から心の内を想像する。私たちは、カップルを見かけた場合、互いに交わす目線やしぐさから、二人の親密度を推し量っている。

「見る立場」から「見られる立場」になる逆転の発想が必要だ。自分が他者を見つめる視線で、自分を見てもらう。自分は客席から「読み取られる」存在であることを意識する。二人の男性は客席から見られている。観客が二人の内面に思いをめぐらす上で、しぐさは時に言葉よりものを言う。

――「もう一度、お願いします」。

同じ状況を再び繰り返す。会話は変わらないが、Aがその間に勢いよく水を飲む。

――「ちょっと待ってください。今の飲み方だと水がこぼれますよ」。

コップを傾けるのが早すぎて、想像上の水が口の横から首にかけてこぼれている。見ていたメンバーも同感だったらしく、笑いが起こる。もう少しゆっくり、「コップに水が入っている」のをしっかりと妄想する。水が口に入ると、私たちは冷たいとか熱いと感じる。味や喉ごしはどうか。同じ水でも水質が違うし、レモンが入っていることもある。口の中の状態によっても味は変わる。喉が渇いていれば、味より前に喉がうるおされる感覚が広がるし、直前に食事をしていた場合は、それに引きずられた味になる。そのことを意識する。ただし、あまり慎重になると、水に異物が混入しているように見えてしまう。妄想の水が感じられるまで、日常を観察し、検証するのだ。

Bはコップに結露した水を拭き取っている。拭き取るしぐさに没頭しすぎて会話が上《うわ》の空に見える。話をしつつ、気になる結露を拭く。他人を見るように自分を見つめるのは、思っているより難しい。

再び会話をやり直す。Aはコップを手にとり、傾ける。うまくいった。一息に飲むことで外の暑さが想像され、季節感が出る。喫茶店の扉や窓ごしに蟬《せみ》の声が聞こえてきそうだ。また、Aがこれから姉に重大事を打ち明ける決意を固めているようにも見える。Bの拭き取るしぐさも猛暑をイメージさせるし、神経質に拭いていれば、Aの姉との対面、さらにその先に控えているAの両親との対面への不安も想像できる。

Aが「すいません」と呼んで、店員Dが出る。

D　ご注文、お決まりですか？

A　ボクはアイスコーヒー、で彼がホットコーヒーと……

B　あずきトースト。

D　アイスコーヒーと、ホットコーヒーとあずきトーストですね。少々お待ちください。

店員は一礼して去る。

Dは、演劇の初心者なら経験がそのまま演技になる。接客業についたことがある人は手際がよい。未経験の場合、見習い店員のようになる。不慣れな店員を笑うのは簡単だが、そこで思考を停止しない。

店員は、寸劇の中では他の三人とほとんどからまない。だからといって、どのように演じてもよいわけではない。店員の演技は店のイメージを決定する。物静かで身のこなしにそつがなければ、観客はある程度高級な店を思い浮かべる。リラックスして落ち着いた対応なら、喫茶店のオーナーかもしれない。それが他の三人の演技に影響する。姉に重大な依頼をするのに粗末な喫茶店を選ぶとは思えない。逆に、姉を薄汚い喫茶店に呼びつけるのなら、それ相応の「理由」が必要だ。その理由がてこになってドラマがふくらむこともある。たとえば、二人の出会いがその喫茶店だった、マスターが二人の結婚を強く後押ししている、Bの実家である……と理由はいろいろ思い浮かぶ。

相談相手である姉が登場する

店員は注文を聞き、メニューを引き取って、いったん去る。

B　（つぶやく）何か緊張するなぁ。

A　平気だって、姉貴は味方になってくれるよ。

インストラクターからの合図で店に入る姉。店の中を見まわしてAを発見し、テーブルに近づく。AもCに手をふって迎える。

この寸劇で、姉は喫茶店の扉から入って、出ていく予定はない。だが、別の寸劇では、実際にない出入口を複数の登場人物が出入りするケースがある。その際は、ドアの位置、ドアノブの場所、まわす方向、ドアの開閉の向きを決めておく。そうでないと、毎回位置が変わるし、ノブ位置もまちまちになり、ドアの開く方向が人によって異なるようになってしまう。こうしたことが重要なのは、リアリティに直結しているからだ。信じられないドアが存在すると、その一点だけで、全体がいい加減な作り物に見えてしまう。ここでも「神は細部に宿る」のだ。

C　暑いわね。店が見つからなくて、少し探しちゃった。

座ろうとして、立っているBに気づき、互いにややぎこちない礼をして席につこうとする。

Aが姉にBを紹介する。

A　こちら、「植田」（Bの本名）さん。

B　「植田」です。

C　あ、どうも。いつも弟がお世話になっております。

A　こっちが姉のC。

C　Cです。

B　よろしくお願いいたします。

三人は着席する。メンバーやテイクで違いはあるが、おおむねこのような会話が交わされる。セリフやしぐさは各人の即興でよい。

店員がコップの水とメニューをもってきて、Cの前に置く。

D　ご注文が決まりましたら、お声をおかけください。（と言って引っ込む）
C　あなたたちは？
A　あ、もう頼んだ。
C　そう。（メニューを一瞥《いちべつ》して、店員に）あ、ちょっと……アイスティーください。
D　アイスティーですね、かしこまりました。
　店員は注文を書きとめて、メニューをもって去る。
C　で、話って何？　何か深刻なこと？　こんなところに呼び出して。
A　うん、まぁ……深刻といえば深刻かな。ね。
B　そうだね。

ここでAが「うん、まぁ……」と答えるのではなく、姉の質問をはぐらかして、

A　何だ、思っていたより元気そうじゃない。

といった言葉をはさむのも面白い。そのセリフでCの隠されていた何らかの「状況」が連想されるからだ。観客の好奇心が刺激される。状況の例としては「病気を患っていた」、「夫の会社の経営が思わしくない」、「子供がトラブル続き」などが考えられる。

秘密の共有はAとCの親密さを感じさせる。私たちの日常でも、「親密さ」は秘密や記憶を共有していることとつながっている。家族も、同窓同郷の友人も、職場のつながりも、情報共有の堆積度が「親密さ」になる。

このAのふりにCがついていけそうだったら、しばらく様子を見る。

C　うん、弁護士の先生から聞いたんだけど、あの人ね、浩司さん（Cの夫）、離婚交渉には入りたくないらしくて。

A　え、浩司さん、お姉ちゃんと離婚するつもりないんだ。

C　……みたい。慰謝料、払いたくないんでしょう。

Aが水を向けたとはいえ、結婚の相談をする相手から離婚話が出てきたのは皮肉だ。深刻な話の前に世間話で緊張を和らげたい、できれば重大な話題を切り出したくない、という理由でA役がいつまでも本題に入ろうとしないテイクがあった。おそらく、その人は日常生活で深刻な話をする際にも、そうしたクッションをはさまずにはいられないのだろう。寸劇は現実に起こりうる設定で進んでいるので、初心者の場合、同じような状況に放り込まれた際の当人の対応が素直に出る。

この稽古は、メンバー個々の行動上の「癖」をあぶり出す上でも効果を発揮する。大切な話がなかなか切り出せない、というのは、その人のふるまいの傾向であり、「癖」である。自己観察のレベルを高める目的で、その「癖」を指摘することもある。

姉の質問を逸らさず、すぐに本題に入る、という流れでやり直す。

C　で、話って何？　何か深刻なこと？　こんなところに呼び出して。
A　うん、まぁ……深刻といえば深刻なんだけど、悪い話じゃなくて……オレ、結婚しようと思ってるんだよ。
C　え!?　それはおめでとう。で、お相手は？
店員Dがインストラクターの合図でAの前にアイスコーヒーを置き、Bの前にホットコーヒーとあずきトーストを置く。
D　（Cに）もう少々お待ちください。（去る）
A　……相手は、こちらの「植田」さん。
C　えっ……。
B　（Cにおじぎ）
C　ちょ、ちょっと待って……。

姉役は、近親者からこういう告白を受けた場合、自分がどう反応するかをシミュレートすることになる。思いがけない事態に直面して頭が混乱すると、人間は言葉を発することができない。言葉を失う。そういう状態を仮に、しかし本気で体験するのだ。

この時も、C役は「どうやったら心が乱れているように見えるか」と考えるのではなく、「自分がそういう状況に置かれている」と妄想する。自分の意思で、いつでも解ける自己暗示をかけるのである。暗示が強いほど、演技は真実味を増す。また、ここで言葉というものは、ある程度気持ちが整理されていないと出てこない、ということが改めて確認される。深刻な事態を前にしてぺらぺらと言葉で埋められる空間には、リアリティがない。

そんな中、アイスティーが運ばれてきて、Cの前に置かれる。様子がおかしいので、店員は何も言わずに一礼して去る。Cは落ち着こうとしているのか、来たばかりのアイスティーではなく、コップの水を一気に飲み干す。AとBは、そんなCをじっと見ている。

C　……つまり、男性と結婚するってこと、そちらの？

A　うん。再来月に式を挙げたいと思っててさ。お父さんとお母さんにも話したいんだけど、いきなりだとね……。で、お姉ちゃんから二人にそれとなく伝えてもらえないかなと思って、今日来てもらったわけ。

C　Aちゃんてさ、オトコが好きだったの？（Bに）ごめんなさいね。

A　そうみたい。

C　いつから（Bを一瞬見て）……お付き合いしているわけ？

A　ていうか、一緒に暮らしてる。一年くらい前から。

C　でも、高校の頃、近所の裕子ちゃんと付き合ってなかった？

A　……あの時はまだ自分が男性を好きになるとは思ってなかったから。

B　お姉さん、ボクら真剣に交際しています。何とかご理解いただけないでしょうか？

C　いや、理解はしたいんですけど……。

Cは無言になる。頭を整理しているようだ。

――「飲物を飲んでください。お姉さんが水を飲んでから誰も飲み食いしてませんよ」。インストラクターはメンバーにリクエストする。三人は話に気をとられて注文した品に無頓着になっていたことに気づく。今回は慎重にアイスコーヒーやアイスティーを手にとる。Bは、あずきトーストをフォークの先でつついている。

ここに本物のあずきトーストはない。皿とフォークだけだ。小道具はできるだけ用意する。モノがなくても、しぐさが追えるなら、小道具は必要ない。しかし、モノがないと、演者自身、何をやっているのかわからなくなる。たとえば、本当にはないコップをもち、飲むことができたとする。しかし、その後コップを置いた位置が曖昧になる。コップの大きさも、そのたびに変わってしまう。本物のコップがないと、結露を拭く、といったしぐさも思いつかない。コップなしでそのしぐさをしても、何をしているのか、客席は想像できない。

このシーンでは、コップ、メニュー、アイスコーヒーとアイスティーのコップ、コーヒーのカップ、皿、スプーン、フォーク、砂糖壺、ミルクピッチャー、ストロー、紙ナプキンなどを用意する。また、姉役にはハンドバッグなどをもってもらう。セットや衣装もあったほうがその気になりやすいが、ひとまず即興で進めるには、これで十分だ。

姉の口から両親との間に入れない「事情」が語られる

ようやくCが口を開く。

C ……いつ知り合ったの？
A 同じ職場で、Bくんが、あ「植田」さんは先輩なんだけど、優秀だし、素敵な先輩だな、って思っててね。そこから時々二人で飲みに行くようになって……まぁ。交際して二年くらい？
B （AとCを交互に見つつ）そうですね。
A お姉ちゃん、どうかな、実家に行って話してくれないかな？ お父さんとお母さんに直接言いづらくてさ。
C Aちゃんのことなんだから、自分で言ったほうがいいんじゃない？
A もちろん、最終的にはボクの口から伝えるけどさ……。
C ……申し訳ないけど、私には無理。
A えっ、どうして？

ここで、配役の際、C役に考え始めてもらった「事情」を話してもらう。

C あなたさ、うちの長男でしょ。（Bに）あの、ご存じとは思いますが、わが家は江戸から続く老舗《しにせ》の日本料理屋なんですよ。今は修業でそちら、「植田」さんと同じ職場に出してますけど、この子は跡取りで、いずれは後継ぎを作らなきゃならないんです。（Aに）あんた、それわかってて言ってんの？

なかなか考えられた「事情」だ。

そもそも設定した物語はここまでなので、このセリフでテイクを終了してもよい。だが、さらに発展しそうなら、しばらく様子を見る。

A　そんなことはわかってる。でも……。
C　「植田」さんは、ご存じなの？
B　ええ、ひととおりはAちゃんから聞いてます。まぁ、細かいことはわかりませんけど……。
C　だから、私はね、お付き合いはお付き合いで尊重して、でもとりあえず女性と結婚して、後継ぎを作る中でさ、言い方は変だけど両立、というか……。
A　それができないから相談してるんじゃないか。
B　（突然泣き出し）……結婚したいんです、Aちゃんと……。

即興でここまでできれば、発想力も瞬発力も演技力も高度だ。通常は、Cから「事情」が話されたところで、AとBは対応に困り、止まってしまう。それで終わっても、いっこうにかまわない。けれども、このような切羽つまった状況が生まれると、その先を考えたくなるものだ。さらに作っていく、という進め方もある。

あるいは、こんな「事情」が出てくるかもしれない。

C　……申し訳ないけど、私には無理。
A　えっ、どうして？

Ｃ　……いいづらいんだけどさ、……どうしようかな？
Ａ　言ってよ。
Ｃ　……実は私も今ね、今、女性とお付き合いしてるの。だから、実家の説得は無理。

見ている参加者が思わずうなる、うまい終わり方だ。ありえないことにも見えるが、絶対に起こらないとは言えない。こうした鮮やかな終わり方は、それはそれで面白いが、このような終わり方のために精力を傾注する必要はない。初心者は「チープなオチをつけたがる」傾向がある。ワークショップの現場にいると、「ドラマは、たとえつまらないものでも、オチをつけなければならない」というドグマが無意識にはびこっていることに気づく。

「ドラマチック」とは何なのか。その疑問に正面から取り組むのが、この訓練なのである。

3　ドラマを見つめる視線

《ショート・ストーリーズ》の特徴

いよいよ創作に入っていくが、その前に、少し立ち止まって、この稽古の特徴や意味について考えておこう。

舞台上の表現には、大きく二つある。「ショー的なもの」と「ドラマ的なもの」だ。

「ショー的なもの」は、音楽や舞踊を中心とし、娯楽的な要素を重視した見世物と考えられる。一方、「ドラマ的なもの」は、「会話劇」、「ストレートプレイ」とも呼ばれ、この稽古で扱うものだ。登場人物同士の、あるいは別の者との対立や融和を描く。作中人物の葛藤や安息から現れる人間の魂の姿を通して、社会や時代や人類の姿を浮かび上がらせる。「ショー的なもの」は、観客に「見せつける」傾向が強く、どちらかと言えば感情に訴える。「ドラマ的なもの」は、「覗かせる」性質をもち、理性に訴える傾向がある。芸能は、古来この二つの傾向が交じり合う中で歴史を重ねてきた。民族伝統の舞踊は「ショー的な」要素にあふれているし、ギリシア悲劇のように「ドラマ的な」舞台もある。わが国の能・狂言や歌舞伎には、歌や舞踊を中心に成り立つ場面もあり、重厚なセリフのやり取りが繰り広げられるシーンもある。ミュージカルにも両方の要素が盛り込まれている。

《ショート・ストーリーズ》の長所は、フィクションとわかっていながら、リアリティを感じる空間を比較的手軽に手にすることができる点にある。小説を書き、映像作品を作る時間や手間を考えれば、一目瞭然だ。乱暴な比較だが、あえて言えば、俳句をひねり、即興音楽を奏でるのに近い。《ショート・ストーリーズ》が多くの人に知られるようになれば、句会や演奏会のように、作品を一堂に集めて、お互いに鑑賞し、批評する場が生まれるかもしれない。そうすれば、「ドラマ」の概念は人々の生活や感性にとってもっと身近なものになるはずだ。

観客としては、日常めったに触れない他人の私生活をじっくりと眺めることができる。ふだんの生活でそうした場面に出くわすと、どうしても後ろめたさをともなう。しかし、この稽古では、目の前で起こることは「嘘」で、演じ手にとって「現実ではない」ことがわかっているので、気遣いがない。正面から堂々と覗ける。

他人のプライバシーを知りたがる欲望は上品ではない。だが、生身の人間なら、その興味を完全に眠らせておくことはできない。好奇心は、対象が上品か下品かを判断してから発動されるものではない。品性の優劣は、あくまでも結果だ。好奇心は人間が人間であるために欠かせない精神の働きである。これを失ったら人間は動かなくなり、社会は機能しなくなる。他者の秘密や不幸を盗み見ることは、罪悪感だけでなく私たちの快感とも深く結びついている。好奇心を抱くと脳は活性化され、それが満たされる過程で興奮が起こり、やがて喜びにつながる。スポーツ紙から週刊誌、テレビのワイドショーやネットに氾濫するサイトに至るまで、ゴシップがこれほど幅をきかせているのも、そのためだ。

《ショート・ストーリーズ》を見るのは、ゴシップに飛びつく気持ちと何ら変わらない。ただ、《ショート・ストーリーズ》は「作り話」であり、ゴシップに群がる下品さから免れることができる。

客席から見れば、悲劇、喜劇を問わず、演劇の大半は他人に降りかかった困難を描く。ハッピーエンドの芝居でも、そこに至るまでの道筋は観客に「できることなら当事者になりたくない」と感じさせる状況が続く。それが演劇の本質だ。そう感じられない舞台は精彩を欠いている。裏を返せば、作品を味わっている私たちの人生もまた大半は苦痛をともなうものであることに気づく。

優れた舞台や映画やテレビドラマは、いわば《ショート・ストーリーズ》を長く大きく立派にしたものである。それらが今よりも多くの人の関心を集めるようになれば、これから述べる「ドラマを見つめる視線」はさらに磨かれるだろう。そのことには私たちの洞察力を全般的に引き上げる効果がある。

あらゆる事象の再検証

「ドラマを見つめる視線」とは何だろうか。『同性結婚』を材料に考えてみよう。

同性の恋人たちは結婚を考えている。「恋人」や「結婚」という言葉は、われわれの生活の中で、ごくふつうに流通している。だが、「恋人」や「結婚」の概念は、人により、あるいは時代や民族や宗教や社会により千差万別だ。「恋人以外の人とのキスは許されない」という考えに日本人の多くが賛同しても、欧米では一般的ではない。かといって欧米人は誰彼かまわず同じようにキスしているわけではなく、社交辞令と恋人が交わすキスは厳密に別のものだ。「キス」以外にも「ハグは?」「恋人と同性の知人との二人きりの食事は?」となると、もはや個人的な倫理観、貞操観念の領域になる。一言で定義し、規定することはできない。

たとえ寸劇の設定が「嘘」であっても、演じ手には「恋人」や「結婚」を真摯に捉えることが求められる。一定の迫力をもった表現をしたい、創作作業に関わる意義をつかみたい、と考えるなら、「恋人」や「結婚」について自分がどう考えているのか、に迫るべきだ。霧が晴れるようにすべてが見通せる機会は簡単には訪れない。何度かトライアルを行う中で、徐々に姿が見えてくる。

「恋人」や「結婚」に限らない。ありとあらゆる事象が再検証の対象になる。寸劇の舞台になっていたのは喫茶店だ。では、「喫茶店に入る」とは、どういう行為なのか。「ふと、おいしいコーヒーが飲みたくて」、「時間つぶしに」、「仕事をこなすため」、「なじみの店員や常連客に会いたくて」、「名物の料理を食べるため」利用する。複数人での打ち合わせや話し合いに使うことも多い。

「喫茶店に入る」ことがそうした場面だという認識は、現代日本人なら共有している。「喫茶店」と聞けば、数軒の具体的なイメージを抱くこともできるだろう。一方で、それが当たり前だという認識は、すべての時代や地域にあてはまるわけではない。似たような文明の国でも、喫茶店を違う形で捉えている可能性もある。

頭から常識と捉えがちな私たちの「喫茶店」は、ごく限られた時代の世界の片隅で、ようやくシェアされている概念にすぎない。「恋人」も「結婚」も、同時代・同地域の人たちの間だけで共有されている認識なのかもしれない。

自己観察から自己省察へ

自己観察の側面から見てみよう。喫茶店に入る身体はどうなっているだろうか。状況ごとに身体は微妙に変わる。「急いで」、「暇をもてあましぎみに」、「仕方なく」、「心躍らせて」――呼吸もそれに応じて違ってくる。言動や表情にも反映する。寸劇は自分の心象を観察する契機になる。

『同性結婚』で、Aがテーブルの水を飲む場面を微細に追ってみよう。

まず、「恋人」が隣にいる喫茶店で「冷たい水の入ったコップをつかむ」。それはどんな衝動だろうか。何度かこのシーンを繰り返す中で、演者は自分の気持ちを覗き見る機会に恵まれる。この衝動が魂のどの部分に呼応するのか、それを探る目的で自分の心の中に入る。俳優なら間違いなく行っている作業だ。「喉が渇いた」だけではない。隣の「恋人が愛おしい」。周囲に「祝福してほしい」。その実現のため「姉」に相談する。だから、この喫茶店に来た。コップをつかんだAの内面は、とても複雑だ。いったいどういう複雑さなのかを、演じ手自身が観察する。

手にもったコップを口に運びつつ頭をよぎるのは、このあとの「姉への相談」、その後の「両親への報告」、「結婚披露の準備や式次第」、「将来の生活への希望と不安」……。

水を飲み込む間に、Aの心の内には長いような短いような、Bとの出会いからこの瞬間に至るまでの経緯が去来する。その心象は、コップをつかんだ瞬間や口に運ぶまでと、どう違うだろうか。

「コップの水を飲む」という一瞬の出来事も、内面を詳細に検証すると、さまざまな要素が複雑に、繊細にうごめいている。同じ場面を繰り返し稽古する中で、日常顧みることのない自分の気持ちの変化を観察し、意識していくことができる。それは、より深い自己省察を促す。

相手役の視線やしぐさや息遣いも観察の対象である。本当の恋人でも結婚相手でもない。性的指向も設定とは違う。この日初めて出会った見ず知らずの人である場合もある。通常、自分の性的指向と反する人物のしぐさや息遣いに「恋愛関係」の視線は加わらない。しかし、《ショート・ストーリーズ》では「相手役が恋人であり、結婚相手だ」という「嘘」の設定がある。半ば強制的に、当人も承知の上で、相手役をそのように見ようとする。それまでとは違った詳細で敏感な他者の観察が可能になる。異性愛者なら、今まではあくまでも同性としての観察だったのが、「恋人」で「結婚相手」という前提に立つと、違った見え方になる。相手をより仔細に推理し、読み取るようになるのだ。本来「姉」でない人が「肉親」になり、彼女の生活の背景にまで想像が及ぶ。トレーニングで出てきた「夫との離婚交渉を望んでいる」といった背景がそれだ。

共演者の観察を通じて、他者のしぐさや顔や身体や声の表情を読む能力が増す。それは出会う相手の身体を読み込み、内部論理を読み解くことだ。内部論理から行動や判断の背後にある仕組みを想像することでもある。個人の置かれている環境と、社会でのつながりにも想像が及ぶようになる。私たちを支えているものと縛っているものに改めて気づく。また、それが必ずしも対立項でないことにも気づくだろう。「結婚」に際して「家」は自身を支え、後押しすることもあるが、自分を縛る障害になることもある。自己を存立させる土台でもあり、『ロミオとジュリエット』のような悲劇を生む温床でもある。

「ドラマを見つめる視線」は、人間に関連するすべてのものを冷徹に観察する視座である。人間や社会や世界を冷静に、鋭く深く見つめ、理解を深めるのに役立つ。この視点がないと、見方が偏《かたよ》り、判断が鈍《にぶ》る。宗教、文化・慣習、歴史の違う民族同士がそれぞれの違いを認めつつ建設的に生きていく世界をイメージするのが困難になる。この視線の獲得によって、異文化の、時代を隔てた人たちへの深い理解も可能になるのだ。

繰り返しの稽古に飽きないために

同じ場面を何度もやり直していると、最初にやった時のビビッドな感覚が失われていくことはめずらしくない。プロにもつきまとう課題だ。人間なのだから、一回目、二回目、三回目と回数を重ねるたびに新鮮さが失われるのは仕方ない。しかし、それはおそらく、一回目と同じようにその後のテイクを繰り返しているからだ。役の棲んでいる空間や登場人物相互の人間関係について妄想を広げ、深めれば、簡単に新しさを失うことはない。

妄想というと、ややもやとはっきりしないイメージを抱くかもしれないが、舞台上では曖昧なものなど簡単に消し飛んでしまう。妄想をいかに緻密に、明瞭に、強固に組み立てられるか。それが演劇の教養であり、訓練である。参加者は「演劇的な妄想の扱い方」という厄介なものに初めて直面する。

『同性結婚』のような即興劇に限らず、台本を使った芝居でも、同じ場面を繰り返すことが「稽古」の中身であり、正体である。もちろん、本番の幕が開いても公演の回数分は反復することになるし、再演ともなると年月を隔てて同じセリフや所作を繰り返すことになる。その過程で、俳優は台本に書かれていない、さまざまな事象を妄想していく。あるいは、ひとたび作り上げた妄想を修正し、新たな世界を構築する。そうして、日々空間を新鮮なものとして捉え直そうとする。

実際の舞台作りに関わっていれば、この繰り返しの作業の目的を考えざるをえない。妄想を強め、広げていく狙いは、どこにあるのだろうか。

「その役としてよく生きること」ではないかと私は考えている。

「稽古」という言葉は、現在一般に使われる「武芸・遊芸などを習うこと」という意味以前に、「昔の物事を考え調べること。古書を読んで昔の物事を参考にし理義を明らかにすること」（『広辞苑』）、「昔の書を読んで物の道理や故実を学ぶこと」（『大辞泉』）を指す。「稽」には「くらべて考える。とどまる。とどめる。とどこおる。ぬかずく」（『漢字ペディア』）といった意味がある。

私は「台本と役と自分の間を何度も行き来して考えること」だと捉えている。

優れた古典作品の場合、テキスト（台本）に何度もあたり、作品の周辺の知識を探索していくと、新たな、より深い解釈が生まれてくることが、ままある。「よく生きる」とは「正しく生きる」「長生きする」という意味ではない。その役の「人間性に迫る」ことだ。「登場人物その人」として「生きる」ことだ。「自分とは違う人間の内部論理に極限まで迫る」ことと言い換えてもよい。他者の内部論理に接近することで、翻《ひるがえ》って自分の内部論理も知る。ある役を生きるということは、結果として、自分を省みることに深く関わってくるのである。

4　創作『戸　籍』

「タ　ネ」

実際に《ショート・ストーリーズ》を作っていこう。

中年の男女と若い女性という三人のチームがあった。相談すると、役の関係は「両親と娘」というものが出てきた。出来事は「娘がこの両親の子供ではなかったことが発覚する」という設定だ。

＊

秘密が暴露される物語では、まず「どういう手立てで発覚したのか」を想像する。発覚の手段としては、以下の可能性が考えられる。

(1)人の口から聞く。
(2)何らかの書類・文書などの記録で知る。
(3)報道で知る。

(1)は、親から直接打ち明けられる場合。親戚や知人からの告白や、たまたま耳にしてしまう場合も考えられる。意図的か偶然かによっても、状況は変わる。(2)は、手紙や日記、写真のアルバムや私的な映像・録音、思いがけず残っていた落書きなどから知る。戸籍などの公文書も考えられる。(3)は、何らかの事件や事故に巻き込まれ、テレビやラジオやネットを通じて、娘が両親の子でなかったことが明るみに出る。

＊

次に「発覚するまで誰が知らなかったのか」についても選択肢がある。

(a)そもそも三人とも知らなかった。
(b)娘だけが知らなかった。
(c)両親が知らなかった。
(d)両親のどちらかと娘が知らなかった。
(e)両親のどちらかだけが知らなかった。

(a)は、新生児の取り違えなどが考えられる。(b)は、娘が養子として育てられたと想像がつく。(c)は、あまりないと思うが、両親と娘が生き別れてしまった結果としてはありうる。娘は自分が両親の子でないことを知りながら隠していた、というわけだ。サスペンスの匂いがする。(d)は、母親が別の男性との間に娘を作ったが、父親はそれを知らなかった、というケース。(e)は、(d)の状況に加え、母親が娘に誕生のいきさつを伝えていた、と考えてもいい。

＊

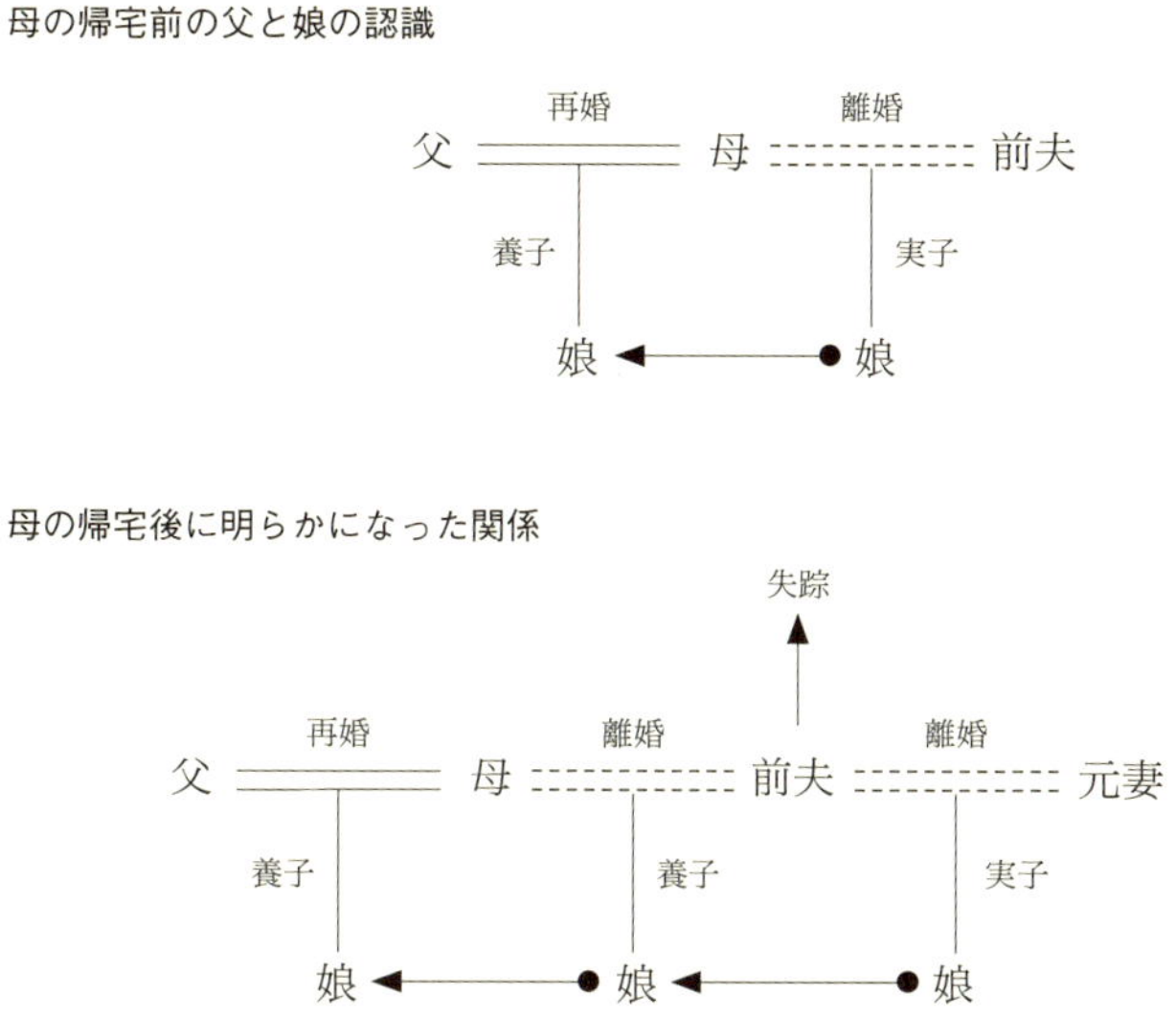

『戸籍』相関図

「発覚の方法」としては、⑵戸籍謄本で知ることにし、「誰が知らなかったのか」は(d)を選択した。何も知らなかった娘、一部を知っていた父親、すべてを知っていた母親、と三人それぞれの事実認識が異なっているようにしたいと考えたのである。

父親と母親と娘の三人が登場人物である（相関図参照）。

娘は父の子ではない。母の連れ子だ。ところが、娘は母の子でさえない。母の前夫とその前妻の子である。もう一度、整理しよう。もともと母は前夫と彼の娘と暮らしていた。娘は前夫の連れ子で、母と血縁関係はない。その後、前夫は別の女性と懇意になり、母と娘を置いて失踪した。母は残された娘を自分の子として育て、やがて父と再婚する。母は娘が自分の子でないことを父には伝えていない。父は娘をてっきり母の子だと思っている。さらに娘は自分が父と母の子だと当然のように信じている。父と母は今までそのことを娘に告げていなかった。

これが寸劇の「タネ＝出来事」だ。タネが興味深くないと、寸劇は面白くならない。ありふれていてもつまらないし、突飛すぎたり複雑すぎたりすると観客はついていけなくなる。

タネの例として、以下のような設定や筋立ても考えられる。

「ファミリーレストランでクレームをつける父親。困惑する娘と対応に四苦八苦する店員」

「愛人との旅行先に妻が乗り込んで修羅場になる」

「これまで男性と縁がなかった姉が妊娠した。相手は無職の男性。相談されて戸惑う彼女の兄と妹」

タネは無数にある。戯曲や映画やテレビドラマの脚本製作も、こうしたタネから出発する。当然、アイデアを出すのはたやすくない。はじめは呻吟《しんぎん》するし、得手不得手もある。世の中には脚本家という職業があるくらいだから、メンバーにその方面の才能があるかないかで、進捗に違いが出る。けれども、メンバーがひざを突き合わせて頭をしぼると、徐々にアイデアが出やすくなる。苦心してタネを着想し、展開し、肉づけするのは、「ドラマ」の正体に近づく上で大変効き目がある。

メンバーの中から「私は演じたいのであって、ストーリーを考えたいわけではない」と不満が出ることがある。「演じる」行為は、戯曲やストーリーの中から「ドラマ」を掘り起こす作業だ。日常の断片から「ドラマ」を発見していくトレーニングは、間違いなく演じることの楽しみを増す機会にもなる。

父と娘の会話に母が加わる

アイデアをふくらませてみよう。どうして「両親の娘でないことが発覚する」のか。娘は海外旅行に行くため、パスポートを取る手続き上、戸籍謄本を手にした。そして、自分が父親とは血がつながっていないことを知る。娘がパスポートを取りに行くとわかっていたら、父と母はこの事態を予測できたはずだ。しかし、「彼氏と旅行に行く」と聞いていただけで、海外だとは思っていなかったのである。

両親が揃っているところに娘が詰め寄ってもいいが、父と母のもつ情報にはズレがある。父は娘が妻の連れ子で、娘と妻は血縁関係にあると思っているが、真相は違う。真相を知っているのは、寸劇開始の段階では、母一人だ。このように認識に差がある場合、その差がしっかり見えたほうがいいので、父と娘の会話から始めることにしよう。

場所は食卓。長机二台と椅子四脚を使い、『同性結婚』と同じ配置で食卓を作る（図参照）。

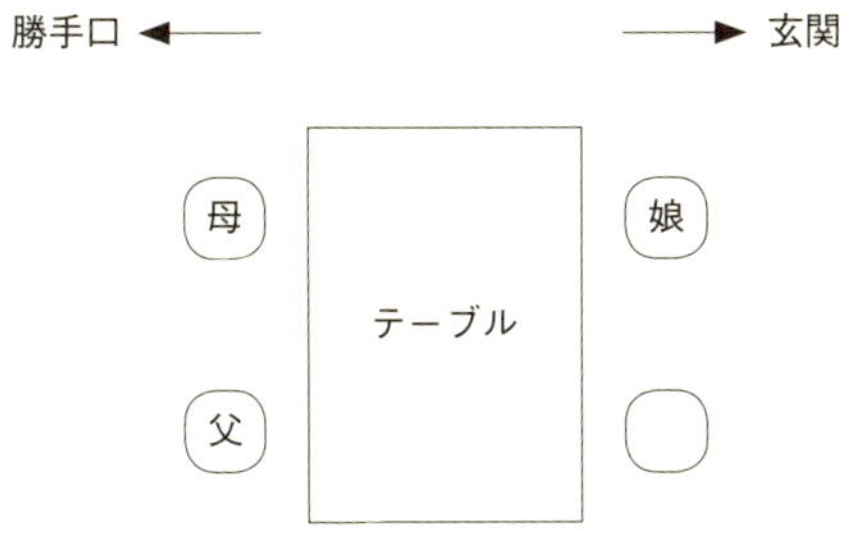

『戸籍』の配置

父がお茶を飲みつつ新聞を読んでいるところに、娘が帰ってくる。

娘 （椅子の背もたれに手を置いて）ただいま。

父 （新聞に目をやりつつ、お茶を飲みながら）おかえり。

娘 （上着も脱がずに無言で椅子に座る）……。

父 （娘の様子に気づいて）ん？ 宏樹くん（娘の彼氏）とはうまくいってるのか？

娘 （無愛想に）うん。……一緒に旅行に行くからパスポー

ト取ろうと思って戸籍謄本をもらったんだけどさ……。（と、父の前に広げた紙をすべらせる）

父　（紙を受け取り、見る）うん。

娘　私、お父さんの子じゃなかったの？

父　（動揺を鎮めようとしてお茶を飲む）……あ、あぁ。言わなきゃいけないと思ってたんだけどね。実は、お母さんはお父さんとは再婚だったんだよ。

娘　え、それも知らなかった。……何で言ってくれなかったの？

父　お前ももう大学卒業だもんな。ついつい言いそびれて。……でも、お父さんは由希（娘の名前）のこと、一度も他人の子だと思ったことはないよ。

娘　大事に育ててくれてるのはわかってるけどさ。でも……。

父　……お前を傷つけたくなくてな。

娘　（大声で）言われなかったほうが傷つくんだよ。言ってくれればわからない歳じゃないんだし……。

父　ごめん。

娘はここで、戸籍謄本を目にしてからずっとためていた混乱や不満を爆発させて大声になる。演技次第だが、大きな強い声には、ぼそぼそした会話が続いて空間が単調になるのを避ける狙いもある。気まずい沈黙の中、母が帰ってくる。娘が入ってきた方向とは逆にある、おそらく勝手口の方向から入る。

母　……ただいま。あ、由希、戻ってたんだ。（とコンビニエンスストアの袋から牛乳を取り出し、冷蔵庫に入れてから食卓の父の隣に座る）

母はどこから帰ってきたのだろうか。母役は当初、コンビニで牛乳を買ってきただけのつもりでいた。しかし、他のメンバーから疑問が呈される。「基礎トレーニング」と同様、作りながら何度も芝居を切ってはやり直す。その指摘は、コンビニで牛乳を買うのはいいが、他にも何か母なりの苦悩があったほうが作品に重みが出るのではないか、というもの。父や娘が今抱えているのとは違う憂鬱をもっていてもいいのではないか、というわけだ。

確かに、私たちはさまざまな苦悩を抱えている。人に言えるものも、言えないものもある。また、言えても言いづらいものもある。話して伝わるものもあるが、話したところで伝わらない悩みもある。この寸劇では「血縁関係不在の発覚」という苦悩が主軸になっている。だが、登場人物が他の心痛をもっていてはいけない、ということはない。血縁関係以外の事柄にも苦しんでいたほうが、私たちの日常に近い。

そこでアイデアを出し合い、「近所に住む母の友人『優ちゃん』の夫の『吉雄』が、くも膜下出血で倒れ、危篤状態にある」という話を、コンビニ帰りに母が「優ちゃん」から聞いたことにする。

母　……ただいま。あ、由希、戻ってたんだ。（とコンビニエンスストアの袋から牛乳を取り出し、冷蔵庫に入れてから食卓の父の隣に座り、父に）吉雄さんがね、危篤なんだって。

父　えっ？

母　二日前に倒れたって言ったでしょ。
父　あぁ。
母　……くも膜下出血だったんだって。
父　そうか……。
母　（娘の様子に気づいて）……どうしたの？
父　（娘を見ながら）これ。（と言って紙を母に見せる）
母　（しばし紙を見つめたのち、比較的冷静に）……そっか、わかっちゃったんだ。
娘　お母さん、何で言ってくれなかったの？
母　言おうと思ってたんだけど、どうしても言えなかった。あの人……前の奥さんとの娘と、私を置いて別の女と失踪しちゃってさ……私、いっぱいいっぱいだったのよ。
父　ちょ、ちょっと待って。（と母から紙を奪い取り、見つめる）
娘　え、私、お父さんの子でも、お母さんの子でもないの？

この混乱は、母の勘違いが原因だ。母は戸籍謄本を目にした瞬間、夫と娘はもうすでにすべてを知っていると考えた。父と娘は、自分たちには血のつながりがないが、母と娘は実の親子だという共通認識をもっていた。だが、まさか母と娘も義理の関係だとは思っていなかった。父が慌てて戸籍謄本を見直したのは、そのためだ。娘も父も見落としていたが、改めて確認してみると、確かに娘は母の養子になっている。

父 俺の子でもなく、お前の子でもなかったのか？

母 言えなかったの……。

最初のテイクでは、このあと母が立て続けに言い訳をした。しかし、再び他のメンバーから異議が出る。――「ここは少し『間』を開けたほうがいいんじゃないかな」。センスのいい指摘だ。母役は母として必死に弁解していたが、今取り組んでいるのはドラマであって、裁判ではない。主張をまくし立てて相手を屈伏させる必要はないのである。目的は、観客に演じ手の内側を覗いてもらうことだ。「覗く」は「想像する」、「読み取る」と置き換えてもよい。内面を覗いてもらう上で、一定の情報は必要だが、次々と似たような釈明を繰り返せば、それをかえって阻害する。一呼吸そこに「間」、すなわち沈黙を入れると、客席は三人の登場人物それぞれの心理を推測し、この虚構世界にもう一歩入り込むことになる。

母 言えなかったの……。（一呼吸の「間」。父に）言ったら私と結婚してくれなかったかもしれないでしょ？

父 そんなことわからないじゃないか。（声を荒らげて食卓を叩く）

母 私、あのときあなたに嫌われたら、もう生きていけなかったのよ。

父 そんなに信用してくれてなかったのか？

母 そうじゃないけど、怖かったの……。

ひととおり、この家族にとって重大な事実が発覚したところまで描けた。このあとの展開は重要であり、難しい。ドラマを前進させる上で、どんな手法があるだろうか。

無理に進展させなくても、メンバーが「それで十分面白い」と判断できるなら、ここで終わる手もある。家族関係の根本的な秘密が露呈し、あとはいっさいを観客の想像力に委ねる。それはそれで悪いことでも不思議なことでもない。ドラマとして、その後の展開をあえて観客に考えてもらうために作られるものもある。たとえば「いじめの現場」を描き、その先の展開はわざと作らずに、「こういう状況を目撃したら、あなたはどうしますか」、「あなたがいじめる（または、いじめられる）立場だったら、どんな気持ちですか」と問いかけるために作られた寸劇なら、尻切れトンボの終わり方でも機能するだろう。

繰り返すが、寸劇作りは創作活動である。始め方も、展開も、終わり方も、自由に決めてよい。ただ、「どのように始まり、進み、終わるのか」が作り手の感性に沿っているかどうかは重視したい。中途半端だ、不完全だと思いつつ物語を終えてしまうと「表現を放り出す」ことになる。それは、このトレーニングの趣旨に反する。メンバーは、この先どうなるのか、もう少し探ってみたい様子だ。

父がいったん去る

場面の展開には、新しい情報が必要になる。三人は相談を始めた。たとえば「父にも隠し子がいた」、「娘には血のつながった弟がいて、どうやら母の前夫と一緒に暮らしている」、「娘の婚約者『宏樹くん』から電話がかかってきて、彼の勤めている会社が倒産したことが判明する」。三人のうち誰かから新事実が口をついて出るのもいい。三人以外から新情報がもたらされる可能性もあるだろう。

「何気なくつけていたテレビに緊急ニュースが流れ、三人はそれどころでなくなる」、「電話で祖母（父もしくは母の母）の危篤が知らされる」といった進め方だ。

しかし、事態はすでにかなり混迷し、切迫している。「家族の意味」というテーマからは逸れないほうがよい。これ以上話を複雑にしない、という意見にまとまる。それに、まだそれぞれの気持ちが十分に吐露されていない。もう少し掘り下げるべきだ、という考えも出てくる。

よく使う手として、「新たな人が入る」、「誰かが出ていく」というものがある。人が入ったり、誰かが去ったりすることで、眠っていた話題が出てきたり、見えていなかった人間関係が浮き彫りになったりする場合が多いからだ。

新たな人の登場は、三人チームでは無理だ。三人のうち一人が去るとして、それが母の場合、シーン冒頭と同じ二人が残る。娘の場合、最大の「被害者」が不在になる。いったん父を去らせ、母と娘の会話を探ることになった。

父　まったく！（突然立ち上がって、去ろうとする）

母　どこ行くの？

父　（自分の茶碗をもっている）お茶だよ、お茶。（去る）

母　（父を見送り、娘に向き直って）ごめんね、こんな形で。

娘　……私さ、来年卒業したら結婚するんだよ。

母　わかってる。……でも、こうなった以上、宏樹くんにも話したほうがいいと思う。

娘　話したいけどさ、話した挙げ句、別れなきゃいけなくなったらどうすんの。……もう式場も予約してるのに。

母　でも、あなたが選んで、結婚しようって決めた人なんだから、受け入れてくれるわよ。

娘　彼がよくても、向こうの親が許すかどうか、わからないでしょ。

母　（一呼吸の「間」があって）……あのね、この先ずっと隠し事を抱えて結婚生活を送るなんてこと、あなたにはしてほしくないの。

娘　（さえぎるように）お母さんにそんなことが言えるの？　自分はお父さんに私とのこと言えなかったくせに。

母　だからこそ、ちゃんと言うべきだと思うの。

娘　何て？

母　正直に全部。宏樹くんに話して、で……ダメだって言うなら、それまでの男だったんだよ。

ここでまた「間」が訪れる。観客は、母の言うことも、娘の怒りや不安もわかる。両者が納得できる結論が簡単に出るとは思えない。

この膠着状態を解消するのが、父の再登場だ。父は三人分のお茶をお盆に載せてもってくる。

父　（二人と自分の前に茶碗を置き、席について母に）吉雄さん、そんなに悪いのか。

父は、これまでの問題をいったん脇に置き、母が帰宅後に口にした話題を取り上げる。父がお茶を淹《い》れつつ興奮を鎮め、冷静さを取り戻したという印象を与えられる。また、前もって出ていた話題にふくらみをもたせることもできる。

「チェーホフの銃」という劇作の技術がある。「誰も発砲することを考えもしないのであれば、弾を装塡したライフルを舞台上に置いてはいけない」というチェーホフの書簡の言葉から知られるようになったものだ。物語の早い段階で導入された要素について、あとの部分でその意味や重要性を明らかにしていく手法を言う。したがって、ここで父が「吉雄さん」の話を切り出すことには、母が帰宅後に発した「吉雄さんがね、危篤なんだって」というセリフを伏線にする働きがある。「チェーホフの銃」が機能したのだ。しかし、事前に出た話題のすべてを伏線にすることはできない。前に出た材料から適当と思われる話題や出来事を取り上げる選択もある、ということだ。

今の展開も試行錯誤の結果であって、はじめから出てきたわけではない。「お茶をもって戻り、父が母に二人の結婚当時のエピソードを話し始める」、「お茶がないのでコーヒーを淹れてきた父と、大学で香りの研究をする娘との間でコーヒー談義に花が咲く」という案もあった。いろいろな案を出し合い、その中から最も面白そうな、感性に沿うアイデアを基に創作を進めていく。

父　（二人と自分の前に茶碗を置き、席について母に）吉雄さん、そんなに悪いのか。
母　……一命はとりとめたみたいだけど。優ちゃんは難しい、って。
父　くも膜下出血？
母　うん。
父　予兆もあんまりないっていうからな、あれは。気をつけようがないよな。
母　タバコじゃないの？　吉雄さん、ほら、チェーンスモーカーだから。

娘　吉雄さんって？
母　マキちゃんのお父さん。
娘　えっ、竹下のおじさん？
母　（うなずく）
父　みんなで釣りに行ったの。あれ、いつだったっけ？
母　伊豆よね？　去年、いや、今年よ、まだ。
娘　半年前。
父　半年前、か。
母　お医者さんには覚悟するように言われたらしい。
父　優ちゃんが？
母　うん。病院にはマキちゃんもつきっきりみたい。
娘　お見舞いとかは？
母　遠慮しておいたほうがいいかもね。吉雄さん、意識戻ってないみたいだし。
父　伊豆で釣りしてた時は元気そうだったけどな。
娘　楽しかったね。
母　半年前か。わからないもんだね。
　沈黙の中、三人はそれぞれのタイミングでお茶をすする。

というところで幕。

吉雄さんの件に話題を転換したのは、とても効果的だった。問題は何一つ解決していない。しかし、身近な友人が危篤であること、その友人がほんの半年前までとても元気でいたことが話題になる中で、三人の登場人物にはそれまでと違った感情が生まれてくる。

人間の運命は予測不能だ。半年後どうなっているかは誰にもわからない。忘れてしまいがちなその事実を、吉雄さんの危篤で三人は目の当たりにする。五年後、一〇年後と言われても、にわかに具体的な未来像を描けないが、半年後なら、ある程度の予想がつく。半年前まで元気だった吉雄さんが危篤だということは、三人のうちの誰かがこれから半年のうちに不測の事態に巻き込まれる可能性もあるということだ。彼らは自らが立つ人生や現実のはかなさに思いあたり、その視点から改めて戸籍に記載された一件を見つめ直す。三人の誰かに危難が迫った場合、おそらくこの血のつながりのまったくない三人は、それでも家族として結束し、協力するだろう。今まで自分が捉えてきた家族とは何だったのか、という思いと、この出来事をきっかけにして姿を見せた新たな家族像との遭遇によって、血縁的には他人であるこの三人の結びつきは、むしろ強まったのではないだろうか。

5　効用

新たなドラマ観の誕生

このトレーニングを繰り返し行うと、自分たちにとって何が「ドラマ」なのか、という集団の共通認識を構築することができる。レベルの高い表現を実現する上では、とても重要な環境整備だ。どのような表現に向かうのか、という方針が曖昧でばらばらだと、集団のエネルギーは十分に発揮されない。効率が悪く、手にする成果は乏しくなる。どんな芝居を作りたいのかをはっきりさせることは、集団にとっては常に根本的な課題である。

また、この稽古で新しい形のドラマが誕生するかもしれない、という予感がある。作り慣れてきたら、もはやこの章の冒頭で規定したルールに縛られることはない。「現代の日本を舞台にしたもの」は無視してよい。未来モノでも、海外モノでも、時代劇でも、名状しがたい抽象的な場所を舞台にしたものでもかまわない。「役の年齢や性別については嘘をつかない」も気にする必要はない。年齢がいくつであろうが、性別がどちらであろうが、その両方が自在に変化しようが、まったく問題ない。「一つの場所で、ひとつながりの時間の中で寸劇を完結すること」も条件ではない。複数の場所を織り交ぜても、時間があちこちで前後しても、作り手の自由だ。ナレーションもはさんでいい。「一人一役」さえ絶対条件ではない。一人が複数役を演じても、複数人が一役を演じても、好きに進めることができる。ドラマというものを「私たちにとって切実で深刻なもの」と定義したが、それさえ随意だ。今までの演劇史をひっくり返すような斬新なドラマが創り出される可能性は、いつでも秘められている。

自分の能力はどこにあるのか

寸劇創作は、参加メンバーが各々の演劇的な能力を判断する上で有効な材料になる。ここまでの作業を眺めてきて、メンバー個々には、台本から作る場合と比べて、多岐にわたる能力が求められることがわかる。

全員出演することが初期の条件だった。つまり、全員が俳優としての能力を試される。また、寸劇の基本設定を決めたり、物語の展開を試行錯誤しつつ考えたりする。これは劇作家に求められる力である。さらに、舞台上の机や椅子をどう配置するか、登場人物は舞台上のどこにいて、どのように動けばいいいか、見せ場はどこか、それをいかに際立たせるか、に頭を悩ますのは演出の領分だ。

具体的な活動を始める前から、「私は台本を書く」、「ボクは俳優しかやらない」と自分の能力を決め込んでいる人が案外多い。かくいう私も、大学で演劇活動に足を踏み入れた時には、勝手に「自分は演出家にしか向いていない」と思い込んでいた。所属した団体にたまたま「本人の希望にかかわらず、全員俳優を体験すること」という強い方針があり、いやいや俳優をやらされることになった。けれども、今考えれば、その方針はしごく適切で、演劇活動を的確に捉えていたと思う。当時の私は「演出」の作業をただの「戯曲の解釈をする仕事」と捉えていたし、その能力だけで芝居作りに貢献できると夢想していた。確かに戯曲の解釈は演出家の重要な業務だが、多方面に及ぶ職分の一つにすぎない。戯曲の解釈力だけでは、稽古も公演もできないのだ。

取り組むことになった俳優の訓練や本番の過程で、私の思い違いは軌道修正されていった。俳優は難しい、演技は奥が深い、と痛感した。そして、身体というものを真剣に考えるきっかけも与えてもらった。演劇にはさまざまなスタッフが関わるが、観客の関心は俳優にある。俳優がどのように語り、動くのかが、芝居の相当部分を決定づける。それを効果的にするために、道具や衣装や音響や照明はあり、戯曲や演出もそれに奉仕している。役者が何を求められ、どのように応えるのかを体験しておくことは、演劇活動に関わる上では必須である。舞台を作るさまざまな人に揉まれる中で、自分には何が向いているのかを考えていけばよい。

俳優をやる上でも、劇作家や演出家がどのように考え、悩んでいるかを実地で体験しておくことは決してマイナスにはならない。俳優にない視野をもつことで、作品やものの見方が多角的になる。他の才能に敏感にもなる。戯曲を読んで「これは面白い作品だ」、「自分には書けない感性の脚本だ」という理解が深まる。舞台に触れて「優れた演出だ」、「この解釈には違和感を覚える」と芝居を見る目が広がり、厳しくなる。それ以外のスタッフワークを知ることも、舞台上の自分の見せ方を考える上でメリットになる。

*

演劇を始める時期にこの稽古が有効だと思えるのは、「話し合いが必要」だからである。寸劇は相談しながら作る。相談は自分の意見を一方的にまくしたてても成り立たない。他者の意見を無条件に受け入れるだけでもうまくいかない。自分のアイデアや考えを伝え、他のメンバーの発言にも耳を傾け、その上で妥結点を探る。寸劇創作には、そういう局面が随所で生まれる。「妥結」や「妥協」は何か芸術にあるまじき解決法と感じるかもしれないが、大きな誤解だ。芸術は、さまざまな制約の上に創作される。十分な予算がない、時間を確保できない、人手が集まらない……数え上げれば、きりがない。満たされない条件の下で苦しみ、もがき、ひねり出されるのが「表現」であり、これはあらゆる芸術につきまとう問題である。制限と折り合いながら、時にはしぶしぶ受容し、妥協する中で、作品を自分の目指しているところに近づけていくのだ。

特に演劇は、他の芸術分野に比べて相談の頻度が高い。劇作家の仕事は個人作業のように見えるが、戯曲執筆のさまざまな段階で、現場の俳優や演出家からヒントを得ることが多い。俳優の稽古からインスピレーションが湧くこともある。いったん書き上がったセリフを演出家や俳優が読んで、意図が通じにくかったり、誤解を生じさせたりする箇所を指摘することもよくある。劇作家でさえそうなのだ。他のスタッフや俳優は言うまでもない。共演者や協働者との意思疎通は必須である。相談する中で多種多様なものの捉え方や考え方に触れる。活気のある現場では、自分だけではおよそ考えつかないアイデアに驚倒し、思いもよらない解釈に愕然とすることもめずらしくない。バリエーション豊かな主張にさらされる中で、自分のやるべきことややりたいことの輪郭がはっきりしてくる。

また、公演を行うと、観客からさまざまな感想が寄せられる。見ている人の反応は千差万別だ。同じようなリアクションばかりだったら、作り手か観客のどちらか、あるいは両方の感性が硬直化している証拠である。多面性を保有する社会は次々と新しいものを生み出すが、画一的な価値観の社会は生気に欠ける。

観客の要望には、できるだけ応えたい。しかし、すべての観客を満足させるものなど作れない。人間社会では何事にも正反対の反応がある。ならば、自分はどのような観客に向けて芝居を作っていきたいのか、と考える。自分が面白いと思える舞台を一緒に面白がってくれる観客を集め、育てていくことが重要になる。

寸劇を試作し、味わい、共感し、衝突する中で、次第に集団の「ドラマ」観が発酵し、それぞれの役割に輪郭が与えられて、集団のメンバーも選別され、洗練される。その意味で、《ショート・ストーリーズ》はとても効果的だと思う。

一般の方々が対象のワークショップで《ショート・ストーリーズ》に取り組む機会は多い。参加者は実際に演技を体験して、それまで「演じる」という言葉に抱いていたイメージとのギャップに驚く。自分の内部の観察と操作という作業に思いもよらない奥行きがあったことに気づくのだ。その魅力に惹かれて、ワークショップ終了後も《ショート・ストーリーズ》に取り組む集団を作り、定期的に公演しているメンバーもいる。また、「舞台を見に行こうという意欲が強くなった」、「テレビや映画の演技に今までより興味が湧いた」という感想は、よく耳にする。

「演劇教育」の可能性

第一章　小中学生対象のワークショップ

《叩き合い》と《空間を歩く》

私は、小中学生、いや、それ以前から演劇教育を行うべきだ、と考えている。年齢が上の人を対象とした演劇教育にも、むろん大きな意味がある。ただ、〈演劇的教養〉や「演劇的なもの」を今よりも生活に溶け込ませるには、幼い頃から〈演劇的教養〉に親しんでおくほうがよい。それらが日常生活に近くなれば、自分を魅力的に見せる方法が自然と身につき、結果として人生はより豊かでラクになる。小中学校に、芝居の上演も含め、「ディベート」や「演説」など〈演劇的教養〉に関わるプログラムがないのは、先進国ではおそらく日本だけだ。学芸会の演劇がある、という指摘もあるだろう。だが、学芸会の上演は演劇とは似て非なるものが少なくない。先生がたの教職課程に〈演劇的教養〉が含まれていないのだから、仕方がない（学芸会の演劇については後述する）。

小中学生を対象としたワークショップを依頼されることが近年多い。内容は実施時間に応じて加えたり除いたりする。しかし、実のところ、一回の体験なら、学生や社会人を対象にしたメニューとほとんど変わらない。「心身をほぐし」、「身体を観察する」トレーニングから始め、最後は創造的な課題に挑戦してもらうのである。

＊

まず《叩き合い》。「身体を目覚めさせましょう」。スタートは二人組になって適度な強さで身体を叩き合う。片方は立ったまま自分の身体の前側の胴体、足、腕、それに顔や頭を平手で叩く。相方は、その人の後ろ側を叩く。背中やお尻だけでなく、腿の裏側やふくらはぎも、ていねいに叩く。ひととおり叩いたら交替する。

仕切り前の力士が塩をつかむ前に自分の顔や身体を叩く、あの要領だ。気合いを入れるという狙いもあるのだろうが、血行が促進され、身体が覚醒する。トレーニングの前、頭は起きていても身体が十分に起きていないことが多い。子供なら、これで十分マッサージ代わりになる。

＊

次は《空間を歩く》。頭と身体をほぐすトレーニングだ。参加者に一定の広さの空間に入ってもらい、その中で各人好きなコースを歩きまわる。空間は狭すぎず、広すぎず。歩いていて腕がぶつからない程度に調整する。ふだんのように歩きまわってかまわないが、人にあたらないよう注意する。また、同じコースをたどらない。空間をくまなく歩く。それぞれの足の裏に白いペンキがついていたとしたら、トレーニング終了時には床全面が真っ白になるようなコースの取り方を考える。他の人が踏んでいない場所を狙って歩くが、それにばかり気をとられていると衝突する。

歩く速度を徐々に上げる。「ふだんの倍の速さ」、「さらに倍」、「走って」、「スキップ」。まわりをしっかり見ると、進路に入りそうな人に注意を向けられるようになる。

ふだんのスピードに戻り、今度はすれ違う人とアイコンタクトをとる。はじめは恥ずかしがるが、次第に大胆になる。アイコンタクトをハイタッチに切り替える。これも開始直後は片手で遠慮がちだが、「喜んで」と指示すると、だんだん盛り上がる。「イェーイ!」と声が出たり、二人ともジャンプして両手でタッチしたりする。「優勝したイメージで」と指示を加えると、相乗効果もあって皆興奮し、プロ野球の優勝祝賀会のようになる。

再びふつうの速度に戻るが、開始時に比べると、空間を捉えてリラックスして歩けるようになっている。続いて「怒り」の感情で歩く。つかみにくい様子なので、「床を踏んで、速足になってみましょう」、「不満をつぶやいて」とリクエストする。がぜん怒りが見えてくる。身体がちょっと接触しただけで口論が起き、目が合っただけで罵《のの》り合う。

続いて「恐れ」。同じ空間に入っているインストラクターが「妖怪」や「怪獣」になり、それを怖がるように、と告げる。子供たちは大声をあげて逃げ惑う。恐怖が恐怖を呼び、恐慌状態になる。大人が対象の場合、「妖怪」を「伝染病ウイルス」や「通り魔」に変えれば、同じ状態になる。

《空間を歩く》は、身体や声や感情のさまざまな状態を呼び覚ますための総合的なウォーミングアップだ。現代人が平生忘れがち、見落としがちな感覚を再確認する上で、効果がある。通信手段の多様化や物流の進歩で、私たちは先人に比べて、生身の人間と直接触れ合う機会が減っている。同時に自分の身体を細部まで確認する時間も乏しい。うろうろし、再三他人とぶつかる参加者がいる。対人関係にも問題を抱えていることが推測される。人間関係を築く第一歩として、周囲に注意を払い、視界に入る人の状態をしっかり見極めることが重要だからだ。

また、間接・直接の接触で他者との距離感が調節される。これも、他者と交流する上で、子供だけでなく学生や社会人にも必要な感覚だ。しかし、ふだんそれをチューニングする時間も機会もない。その必要性さえ感じない日常に、現代人は身を置いている。外から見れば、ただ歩きまわる訓練だが、人とのつながりを深くし、鈍《にぶ》くなりがちな「身体感覚」を回復する上で重要なトレーニングになる。

感情の表出は、繰り返し行うと、より強くはっきりしてくる。「喜び」、「怒り」、「恐怖」で歩くのは、子供たちにとっては感情を表出する体験だ。本音の感情を自覚し、心の奥底に眠っている強い衝動と出会う訓練になる。「優勝祝賀会」、「口論・罵倒」、「妖怪・怪獣」の場面は、妄想を生きることにもつながる。「妄想を生きること」は役者の専売特許ではない。一般の人にも深い関係がある。買い物を考えたり、ふと思い出したことを確認したりする際、新たな製品やサービスを開発する際、またそれを売り込み、活用する際、具体的なメモや設計図や企画書に落とすまで、われわれのすべての思いつきは妄想にすぎない。想像力を使い、妄想世界を回遊した結果が、メモや設計図や企画書になる。

《鏡》と《絵を作る》

「基礎編」の「身体の発掘」で紹介した《左右非対称な動き》などとともに、《鏡》というトレーニングも行う。向かい合わせで二列に並び、正面の人と組む。仮に、右側の列が鏡の外の人、左側は鏡の内の人と決める。右側のメンバーの動きに合わせて、鏡の中の左側のメンバーはそれを真似る。二人の間にあるはずの鏡には触れない。身体だけでなく、顔の表情も真似る。ひととおりやったら、鏡の内と外を交替する。

はじめは両腕を曲げたり伸ばしたりしているが、少しずつ胴体や下半身も使い、大きな動きになる。スピードにも緩急が出てくる。簡単に真似させてなるものかと難しい動きを試みる。ジャンプしたり、鏡から離れたり、顔をくしゃくしゃにしたりする。身体を創造的に動かすようになる。

これは、身体の動かし方を模索すると同時に、相手の身体をしっかりと見る訓練だ。真似るほうはもちろん、真似られるほうも、相手の身体が正確に鏡になっているか、把握できるようになる。鏡なので、内と外の人では左右が入れ替わる。単純な動きやポーズならできても、複雑になると真似るほうは混乱する。

＊

最後に取り組んでもらうのは《絵を作る》。メンバーを四〜六人のチームに分ける。お題を出し、チームで相談して絵を作る。「絵」といっても、使うのは色鉛筆や絵の具ではなく、全員の身体だ。最初のお題は「まる」。さほど時間をかけない。「上から」、「正面から」など、どこから見る「絵」なのかも併せて考えてもらう。できあがったら、一つ一つ他のメンバーとともに見ていく。

全員で手をつないで輪を作るものや、全員が寝転がってつながり、円形になるものはよく見かける。一方で、輪になって座り、それぞれの足を中央に寄せて、つま先で円形を作り、さらに個々が背中を丸めて、つないだ手は親指と人差し指で丸い鎖になっているチームもあった。よく見ると、うつむいた頭も円環になっている。「まる」を作ることに全身でぶつかっていて面白い。感心した作品は、それぞれが離れて別々に地面にうずくまったものだ。よく見ると、一人一人のうずくまり方が違う。それぞれが「まる」なのだろう。竜安寺の石庭のような風景だった。

続いて「桜」というお題。「絵」という指定のせいか、寝そべった身体の線で作られているものが多い。一人が幹、三人が枝と花、二人が落ちた花びら。そういう作品が並ぶ。その中で、幹役が立ち、もう一人を肩車して枝と花をかたどり、他の三人は手のひらを舞い落ちる花びらに見立てて、枝からはらはらと散る様子を描いたものがあった。立体で表現したのは面白いし、散る花びらを動画にしたのもよかった。

他にも「恐竜」では、立っている二人が一人をうつぶせにして担《かつ》ぎ上げ、他の二人は担ぎ上げられた人の後ろに連なっているもの。立っている二人の腕をヒレにして、首長竜ができあがっていた。

お題は何でもよい。学生や大人が対象なら、「続く好景気」、「隣国の脅威」など、最近起きた事件や社会現象でも作れる。正解のない課題に取り組むことが少ない子供は、最初は戸惑うが、やがて自由に発想して身体で表現する面白さがわかり、生き生きと「絵」作りに取り組むようになる。

すべての発表が終わったところで、参加者にどの作品がよかったか、挙手して投票してもらう。表現に正解はないが、観客それぞれの主観による評価はある。それは芸術を考えるきっかけになる。選ばれた作品は、たいていよく考えられたものだ。

終了後、子供たちに感想を聞くと、「はじめに」で触れた大学生のように、「面白かった」、「楽しかった」、「もっとやりたい」という答えが返ってくる。通常の授業では実施されることのない遊戯や課題によって、クラスの中にも変化が起こるようだ。《絵を作る》を見て、「ふだん話し合いに加わろうとしない子が友人たちと相談していた」、「自分の意見を言わない子が積極的にアイデアを出していた」、「子供たちの想像力は予想以上」と先生がたからも驚きの声があがる。

「学芸会」に演劇は必要か

小中学校の時期から学内でオーディションを行い、演劇の上演をすることがめずらしくない欧米の状況と、わが国の「学芸会」の違いは、どこにあるのだろうか。演劇を専門に学んだ経験のある教師、あるいは地元のプロフェッショナルの指導のもとに作られる舞台と、演劇経験も〈演劇的教養〉もない先生がたのもとで発表される「学芸会」の公演では、比較にならない。先生がたを責めるつもりは毛頭ない。教職課程に「演劇」がない以上、仕方ない。むしろ、先生がたの認識や教養は現代日本の演劇の捉え方を象徴している。彼らは「学芸会」で何を上演するかで悩み、配役で苦しみ、演技指導に至って、途方に暮れる。

「どうすれば子供たちが大きな声を出して、自然な演技をできるようになるでしょうか」

と現場の先生がたから相談される。「学芸会」準備の数週間では、それは難しい。窓の外の放課後の校庭では、遊びに興じる子供たちの歓声が響いている。

「子供たちのあのような状態を舞台に上げることです。今、彼らは大きな声を出して、自然にふるまっていますよ」

とアドバイスしてみるものの、一筋縄でいくはずがない。本番の日程が迫っているのに無茶だ、と私自身、有効な手立てが思い浮かばない。

付き合いのある小学校では、「学芸会」は二年に一回実施だという。私が子供の頃には毎年実施されていた記憶がある。先生がたの負担が大きすぎて、二年に一度の開催になったようだ。驚くのは、主人公や主要な役が一場面ごとに交替する、という話だった。『浦島太郎』の上演では、「海岸」、「亀に促されて海中移動」、「竜宮城」、「乙姫と別れて帰還」、「玉手箱を開く」とシーンが五つある場合、五人の浦島太郎が出てくる。亀も乙姫も場面ごとに交替する。また、別の学校では、シーンごとに替わるだけでなく、舞台上に浦島太郎が五人同時に出ていたこともあるそうだ。

以前、運動会で児童の優劣をつけないように、徒競走の際、横一列に全員が手をつないでゴールするようにさせているのが社会問題化したことがあった。それと変わらない悪平等だ。かつて、芝居に出られるのは選ばれた子で、大半の児童は私も含め、客席近くで縦笛の伴奏だった。主役の浦島太郎や乙姫をやる子もいれば、竜宮城の珊瑚やワカメもいて、格差があった。運動の上手な子がいる、勉強が得意な子もいる。物差しの一つとして芝居の達者な子が主要な役をやればよいのではないだろうか。

話し相手の先生は、寂しそうな微笑みを浮かべ、

「今は『珊瑚』や『ワカメ』役もありません」

意味をつかみあぐねていると、説明してくれた。保護者から「何でうちの子が主役じゃないんだ」、「なぜもっといい役にならないんだ」というクレームが来る。先生がたも演技のうまい子によい役をやってほしいと思いつつ、同時に苦情が出にくいように進めることが求められる。

浦島五人という前衛演劇的配役は、それなりの整合性をもつ解決策ではあったのだ。現状では、これ以上の方法はとりにくい。しかし、この解決法では、演劇にとっての大問題が放置されたままになってしまう。

まず、この公演はいったい誰のためのものだろうか。先生がたや保護者よりも、児童のものだろう。浦島が頻繁に入れ替わり、主役を喜ぶ児童は増える。それは悪いことではない。問題は、物語が一貫性を失うことだ。浦島太郎という一人の人間に降りかかった摩訶不思議な出来事。起こった一つ

一つの事柄で、彼にどんな変化が生じるのか。それを描き、鑑賞し、なぜかを考えさせるのが、児童にとって最も重要なことではないだろうか。この点を外すと、演じた子も見ていた子も、演劇の本質的な魅力に触れることができない。練習でふだんとは違う役同士の関係を楽しみ、本番でいつにない興奮に包まれるのは、子供たちにとって貴重な体験ではある。だが、核となる〈演劇的教養〉に接近する時間をもたないと、演劇を誤解し、つまらないと嫌いになって、無関心になる。主役の入れ替わりは上演、ひいては演劇にとって致命傷になり、教育上、逆効果になりかねない。

いったい、こんな状態の「学芸会」で演劇をやる必要が本当にあるのだろうか。世の中に演劇があることを幼いうちから知り、その面白さや難しさにも早い段階で触れてほしい。しかし、二年に一度のわずか数週間、授業の一部を練習にあてたところで、どれほどの成果が期待でき、得られるのだろうか。大きな疑問だ。

演劇の配役は、もとより不公平なものである。それは私たち人間が均一でないことと呼応している。演劇とは、国や地域、時代や両親によって、一人一人が違う人間として生まれ育つという事実を見つめる芸術だ。浦島太郎に限らず、人間を襲う運命は理不尽で残酷であるという事実を直視する表現形態でもあり、そこに難しさと面白さがある。皆を金太郎飴のように均等に扱えば、それぞれの個性を殺す。それは演劇の自殺行為だ。

それくらいなら、「学芸会」の代わりに、少年野球のリトルリーグのように授業時間外に希望者を集めて行ったほうがよい。保護者が子供の配役にクレームをつけるのは、義務教育の教育課程だからである。また、親と先生の〈演劇的教養〉のレベルが変わらないためでもある。野球の専門家相手に「なぜうちの子がエースでないのか」、「私の子を四番に据えてほしい」と苦情を申し立てても説得力はない。批判は自由だが、苦情は通らないだろう。スペシャリストの決定に素人が口をはさむべきではないし、嫌なら自分の子をまかせなければよい。それに対して、先生がたにも保護者にも〈演劇的教養〉が乏しい中で議論が起こるので、本質を見失った解決手段に向かってしまう。希望者を集め、専門家が演目や配役を決めて、指導すればよいのだ。むしろ、そうした専門家がほとんど存在しないことに、小中学校における演劇教育の深刻な問題が横たわっている。

第二章　「演劇教育」と自己アピール

「演劇教育」と聞くと、多くの人は「台本を使って芝居を作ること」だと考えるかもしれない。しかし、前述のとおり、台本から芝居を作るのはとても難しい。演じるほうも指導するほうも相応の技術が求められる。

では、いったい何が演劇教育なのだろうか。ここまで紹介してきた訓練を活用すれば、いろいろ考えられる。しかし、現場の先生がたに「音楽」や「美術」のようには〈演劇的教養〉が浸透していない現状では、それも無理がある。そこで、児童や生徒に「魅力的な自己紹介」をさせるというのはどうだろうか。

魅力的な自己紹介

魅力的な自己紹介をするためには、自分を知る必要がある。いい加減な把握では、魅力に欠ける。生年月日や星座や血液型といったデータだけでは味気ない。見て聞いても面白くない。自分を観察して、何が長所短所か、信じること信じられないことは何か、好きなもの嫌いなものは何で、それはなぜか、といったことを考え、整理することが必要だ。「自己紹介」という概念を狭める必要はない。「好きな衣装」、「夏の魅力」、「近頃発見したこと」など、身近で取材できる内容で話をすればよい。

それは自分を客観的に見つめる視点を内部に育《はぐく》むことになる。結果的に、広く深く自分の内面を覗けるようにもなる。自己把握の範囲と深度は、他者理解のレベルを左右する。

もう一つの効用は、「物語る」ことについて子供が考えるようになることである。「物語る」とは「つながりをつける」ことだ。論理性と洞察力が鍛えられる。「風が吹く」という事象や「桶屋が儲かる」という出来事だけでは物語にならない。その間に——風が吹くと、土埃《つちぼこり》がたって目に入り、盲人が増えて、盲人は三味線で生計を立てようとするから、三味線の胴を張る猫の皮の需要が増え、猫が減ると鼠が増えて、鼠が桶を齧《かじ》るから桶屋が儲かる——というつながりが出てくると、「風が吹く」と「桶屋が儲かる」は物語の原因と結果になる。「土埃」、「盲人」、「三味線」、「猫」、「鼠」、「桶」などの言葉から、江戸時代の風俗や社会も浮かび上がる。聞く者に何らかの印象を与える物語になるのである。

相手が受け入れやすい話にするには、何と何をつなげるかを考えなければならない。つなぐ理屈も大切になる。その脈絡が訴求力に直結する。話が一定の論理に乗っていることと、聞き手に与える印象を洞察する力がつく。

人間は物語を通じてしか物事を把握できない。そして、物語は事象の必然化を促す。われわれを取り巻くすべては、そもそも偶然の集積にすぎない。誕生からしてそうだ。時代も国籍も親も選ぶことなく、たまたま生まれ出てきた存在である。物心がつき、成長する過程で、私たちは無意識に自分の誕生を必然化する。この時代、この地域に、この両親のもとに生まれてきたことには意味があった、と考え、信じようとする。必然化は、人生に意味をもたせるために人間が編み出した手続きなのだ。星座をめぐる神話も、天地創造も、人間がどう発生し、歩んできたのか、をめぐる物語である。神話を通じて、祖先たちは自分の存在と取り巻く世界を認識し、意味づけしてきた。〈演劇的教養〉は、人間性の基礎となる「物語り方」を専門とする分野でもある。

認識能力を高めるには、物語の発信と受信、両能力の向上が不可欠だ。自分を誤解なく周囲に伝え、狙った形に近い状態でまわりから自分を「読んで」もらう。それが、魅力的な自己紹介の到達すべき目標である。そのためには、自己把握と物語だけでは不十分だ。他の人々に内容をしっかり伝えることも要求される。話す相手を捉え、目を逸らしたり、恥ずかしがったりせずに話すのは簡単ではない。

特別な状態になって話す必要はない。いつもどおり、家族に今日学校で起きた面白いニュースを伝えるように、趣味を共有する友人たちと夢中になって話し合うように、人前で話すことができればよい。ひとりでにできるようになることはない。それなりの訓練や練習が必要なのだ。

プレゼンの裏側

アップル社を創ったスティーブ・ジョブズが新製品を発表する場面を思い出してみよう。

大きな会場の舞台には彼一人。トレードマークの黒いカジュアルな服装に身を包み、巨大なスクリーンを背に立っている。客席には全世界から集まった報道陣、開発や営業の関係者、それに熱烈なファンがひしめいている。ジョブズが手にしているのは台本ではなく、新製品だ。台本がないから、演台も不要、プレーンな舞台である。背後の画面には、新製品と彼の表情のアップが映し出される。「魅力的な自己紹介」に縁遠い私たちは、彼を見て、こう考えるかもしれない。――製品開発の中心を担ってきた彼のことだ、台本などなくても多くの人の前でリラックスして、新商品の驚くような機能を簡潔に語ることなど朝飯前だろう、と。

それは大きな誤解だ。準備もなくステージに上がって気さくに新商品のプレゼンテーションができると思うなら、その人には人前で話す資格がない。

発表会の前には厳密なリハーサルが繰り返されたはずだ。スタッフからは舞台上のジョブズに立ち位置、視線、カメラ写り、強調の仕方などについて指示や助言が飛んだことだろう。スピーチライターは、必要事項が抜けず、不要な発言が入らないよう、入念に発表内容を練ったと思われる。新製品が社会や世界に効果的なインパクトを与えるよう、発表会全体を演出する部門もあったに違いない。ジョブズは、それらを統括した上で、台本を頭に叩き込み、鏡を見て何度も練習したのではないか。準備と練習がなければ、魅力的な自己紹介はできない。そのことを小中学生が知るだけでも意味がある。

ジョブズだけでなく、テレビで紹介される欧米のプレゼンに触発されて、日本でも経営者が舞台で一人、新商品の発表を行う例が増えているようだ。結果的には、おおむねぎこちないという。しかし、彼らも愚かではない。きっと入念な準備と練習は行ったことだろう。それでいて拙さを感じるのはなぜだろうか。……付け焼き刃なのだ。人前で話すことへの根本的な認識の不足がある。しゃべり方は一朝一夕には変わらない。「声」や「表情」や「間」は、長年の訓練の賜物だ。料理人が魚や肉をさばき、大工が部材を切り出すのと同様、身体の技術なのである。数ヵ月程度の訓練ではモノにならない。小中学生から始めたほうがよいと感じるのには、そういう側面もある。

話者の気持ちは、身体や声を通じて聴衆によって推察される。「身体」、「声」、「感情」のつながりが甘いと、説得力を損なう。魅力的な自己紹介は、そのことに着目するきっかけになる。自分の声や身体が感情にどう結びついているかを観察する時間にもなる。自分の内側を覗きやすくなるわけだから、自分の思いや考えを先生や親に伝えやすくなるし、友人との会話も今よりはずむ。他者に声をかけることや働きかけることへの抵抗が低減する。他の児童や生徒の自己紹介を見て、観客に訴えかける話し方を知る機会にもなる。落ち着きなく動き、腕をぶらぶらさせるのは好印象につながらないことを学ぶ。

魅力的な自己紹介が可能になれば、商品のプレゼンも、パーティでの挨拶も、街頭や国会での演説も、そしてふだんのおしゃべりや電話のやり取りも、今より円滑にこなせるようになる。そうすれば人間関係の問題も軽減するだろう。他者に話しかけることは、話者の主観を伝えることにほかならない。たとえ自分が開発した商品でも、その特性や長所を把握していなければ、魅力的な紹介はできない。親しい人の結婚式でも、新郎または新婦と、その家のことを自分なりに理解していないと素敵な祝辞にはならない。議員の演説も、政策や法規と人々の具体的な暮らしを捉えていなければ、聞いている者を納得させる弁論にはならない。

演劇とのつながり

魅力的な自己紹介は、立派な演劇教育である。

演劇とのつながりからも考えてみよう。まず、自己紹介は自分の内側を見せる作業である。これは演技の際、俳優に求められることだ。ただし、舞台上では「自分」ではなく「役」の内側を客席に見せるので、まったく同じとは言えない。翻《ひるがえ》って、自己紹介で紹介される「自分」とは何者だろうか。自己のすべてを紹介することなどできない。「自分」は、この場合、紹介に際して主観的に選び取られたものだ。つまり、自己紹介の際には、何らかの作為が働いている。上達していけばいくほど、話者はその作為に意識的になる。そして、その作為の結果こそが「演技」と呼ぶべきものなのだ。「自分」の内面を把握できていない人物が「役」の心象を巧みに表現することはできない。「役」を演じる上でも、自分を魅力的に自己紹介する能力は必須なのである。

また、論理性や洞察力は芝居を作る上で欠かせない。大方の戯曲には、登場人物が口にする言葉だけが書かれている。描かれている場所や人物設定をていねいに説明しているものもあるが、セリフ一つ一つの背後にある感情を事細かに指定したものはない。舞台上で人間の複雑で理不尽な、そしてバラエティに富んだ心の状態を演技抜きに戯曲の言葉だけで描くのは無理がある。だからこそ、逆に戯曲という文学形式が生まれたのだ。セリフの裏にある心象をあれこれ想像しつつ読むのが戯曲の醍醐味である。俳優には、セリフの羅列である脚本から数多くの解釈可能性を抽出する能力が求められる。

戯曲の解釈や並行する役作りの過程でも、論理性や洞察力は必要である。あるセリフの語り方や身体所作が役のどの内面を表象するのか、それは客席に伝わるのか、次のセリフにつながるのかを実践を通じて考えなければならないからだ。

「魅力的な自己紹介」なら、〈演劇的教養〉とは縁がないように思える学校の先生がたにも児童・生徒の指導は可能ではないだろうか。何より教師は人前で話をする仕事だ。学習指導要領に基づいてといっても、それは指針にすぎない。授業は、教えるべき内容と児童の理解の度合いを斟酌《しんしゃく》した上で、教員の主観を通じて行われる。つまり、「魅力的な自己紹介」に関するかぎり、先生がたは「魅力的な自己紹介」の練達者であり、子供たちのよきお手本になれると私は思う。

おわりに

紙幅の関係で本書では詳述できなかったが、ヨーロッパの劇場を目の当たりにすると、演劇の根づき方が彼我では本質的に違うことを痛感する。人口が二〇万人もある都市なら、必ず自治体の運営する劇場がある。複数あることもめずらしくない。その中には「子供劇場」も含まれていて、住民は子供の頃から劇場や観劇に親しんでいる。各地で開催される演劇祭も想像を超える。行かれたかたはご存じだろうが、生活に演劇が息づいているというのは、ああいうことだ。たとえばフランスのアヴィニョンとイギリスのエディンバラというヨーロッパの二大演劇祭を例にとろう。アヴィニョンでは七月の一ヵ月間、毎日ほぼ五〇〇〜六〇〇本の芝居が上演されている。繰り返すが、「毎日」である。エディンバラに至っては、やはり八月の一ヵ月にわたって、毎日一五〇〇本くらいの芝居がかかっている。とても一人で見尽くすことなどできない。圧倒的な量の演劇がそれぞれの街に集まり、それを当然のこととして楽しんでいる人々がいる。同時に、上演する側にとっては、その後の活動を占うショーケースにもなっている。劇場のディレクターやプロデューサーに目をつけてもらい、何とか一年間食っていこうという連中が集まっているのだ。

多くの劇場には専属の劇団が付属しており、「劇場とは上演施設と劇団を併せたもの」という捉え方が常識だ。運営はかなりの割合が税金で賄《まかな》われる。わが国の「学校」や「病院」と同じように「劇場」が存在している。「学校」や「病院」は、施設を示すとともに、機能を表す言葉でもあるのだ。

「学校」は単に児童や生徒や学生が通う建物ではなく、教諭や教授や他の職員が常駐し、計画的・組織的に教育を施す役割を含んでいる。「病院」も患者を収容する施設であり、医師や看護師や他の職員が常駐して診察や治療を行う機能がある。「劇場」も演劇集団が住民に必要不可欠なサービスを行う場所として認知されている。一転、日本では国立劇場にさえ専属劇団がない。

ヨーロッパで劇場を存立させている根本にある共通認識は、「劇場は学校や病院では対処できない問題を取り扱う場所」というものだ。劇場は病院や学校では扱いかねるテーマ——たとえば「失恋」、「三角関係」、「いじめ」、「差別」、「戦争」、「裁判」、「老い」など——を受けもつ。失恋は苦しくつらいが、結果的には人間の幅を広げる。劇場は、むろん失恋を解消することはできない。しかし、それが人類共通の普遍的な問題であり、一定の年齢になれば誰でも体験する事柄であることを、優れた戯曲と演技と演出によって伝える。観客は癒され、次なる恋愛に向かう。劇場は身近にある「人間性回復の場所」として機能しているのである。

観劇人口が多いので、見巧者《みごうしや》も揃っている。「うるさい観客」に応えなければならないので、舞台のレベルはおのずと高くなる。入場料が安く感じるほどだ。直接劇場を訪れることがなくても、日本に入ってくる欧米の映画やテレビドラマを見れば、俳優の水準の高さは一目瞭然である。プロ野球やサッカーのように本拠地では劇場の俳優やスタッフが地元の誇りであり、注目され、人気もある。……わが国もそのような状況に近づけないだろうか。演劇人として、そう夢想しない日はない。実現に向けた一歩として、本書を世に問うことにした。

＊

本書を企画し、提案してくれたのは、敏腕編集者の互盛央氏だ。氏がまだ岩波書店にいた、もう二〇年以上前から「演劇について書いてください」と熱い要望とエールをもらっていた。だが、生来のものぐさから、ひどく時間がかかってしまった。辛抱強く見守り、多大なヒントを与えてくれた私の所属する集団のメンバーや、陰になり日向になり、あたたかく支援してくれた家族に改めて謝意を表したい。

二〇一八年六月

安田雅弘

安田雅弘（やすだ・まさひろ）

一九六二年、東京都生まれ。早稲田大学卒業。演出家、劇団山の手事情社主宰。

大学在学中の一九八四年に劇団山の手事情社を結成。台本に依存しない先鋭的な舞台作りを集団創作、ハイパーコラージュなどの手法で追求するとともに《山の手メソッド》と呼ばれる独自の俳優養成法を開発。その後、戯曲を用いつつリアリズムを乗り越えるための手法として《四畳半》スタイルを考案し、ギリシア悲劇、シェイクスピア、近松門左衛門などの古典作品を上演して、日本のみならず、ドイツ、スイス、ポーランド、韓国など世界各地で高い評価を得ている。

主な著書に、『ハッピーなからだ』（洋泉社）など。

近年の主な公演に、『タイタス・アンドロニカス』（二〇〇九年、ルーマニア）、『オイディプス王』（二〇一〇年、ルーマニア、ハンガリー）、『道成寺』（二〇一三年、モルドバ、ルーマニア）、『女殺油地獄』（二〇一五年、東京）、『傾城反魂香』（二〇一七年、東京）、『テンペスト』（二〇一八年、東京、ルクセンブルク、ルーマニア）など。

劇団山の手事情社：http://www.yamanote-j.org/

魅《み》せる自《じ》分《ぶん》のつくりかた

〈演劇《えんげき》的《てき》教養《きょうよう》〉のすすめ

二〇一八年　八月一〇日　第一刷発行

著者　安《やす》田《だ》雅《まさ》弘《ひろ》

発行者　渡瀬昌彦

発行所　株式会社 講談社

東京都文京区音羽二丁目一二―二一　〒一一二―八〇〇一

電話（編集）〇三―三九四五―四九六三

（販売）〇三―五三九五―四四一五

（業務）〇三―五三九五―三六一五

装幀者　奥定泰之

本文印刷　慶昌堂印刷 株式会社

カバー・表紙印刷　半七写真印刷工業 株式会社

製本所　大口製本印刷 株式会社

ISBN978-4-06-512669-1　Printed in Japan

N.D.C.771　253p　19cm

講談社選書メチエ　刊行の辞

書物からまったく離れて生きるのはむずかしいことです。百年ばかり昔、アンドレ・ジッドは自分にむかって「すべての書物を捨てるべし」と命じながら、パリからアフリカへ旅立ちました。旅の荷は軽くなかったようです。ひそかに書物をたずさえていたからでした。ジッドのように意地を張らず、書物とともに世界を旅して、いらなくなったら捨てていけばいいのではないでしょうか。

現代は、星の数ほどにも本の書き手が見あたります。読み手と書き手がこれほど近づきあっている時代はありません。きのうの読者が、一夜あければ著者となって、あらたな読者にめぐりあう。その読者のなかから、またあらたな著者が生まれるのです。この循環の過程で読書の質も変わっていきます。人は書き手になることで熟練の読み手になるものです。

選書メチエはこのような時代にふさわしい書物の刊行をめざしています。

フランス語でメチエは、経験によって身につく技術のことをいいます。道具を駆使しておこなう仕事のことでもあります。また、生活と直接に結びついた専門的な技能を指すこともあります。

いま地球の環境はますます複雑な変化を見せ、予測困難な状況が刻々あらわれています。

そのなかで、読者それぞれの「メチエ」を活かす一助として、本選書が役立つことを願っています。

一九九四年二月　　野間佐和子